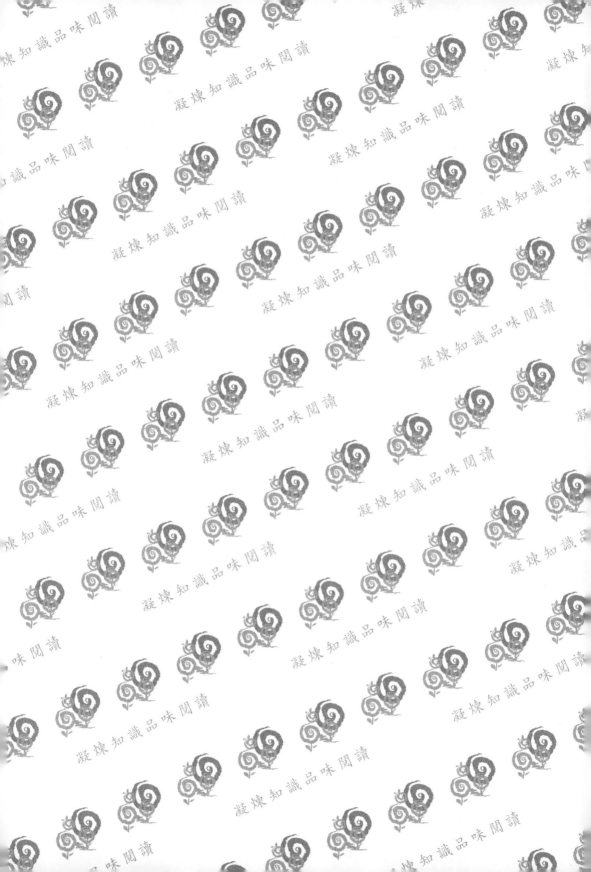

圖解
系列

圖解

四大特色

● 一讀就懂的教育社會學理論入門知識
● 文字敘述簡單、易懂、觀念清晰完整
● 一文一圖表方式快速理解、加強記憶
● 附歷屆考題，適合教甄、教檢之考用

教育社會學

蔡啓達 著

閱讀文字

理解內容

觀看圖表

五南圖書出版公司 印行

本書目錄

第 **3** 章　重要理論篇

第 **4** 章　學校教育篇

本書目錄

第 **1** 章

概念篇

章節體系架構

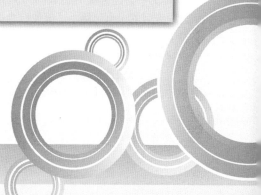

　　自古以來，學者們即曾主張「學校即社會之縮影」、「教育即社會化」等概念，將教育視為社會的重要一環，並主張運用社會學的原理原則，來引導我們了解教育是如何在社會中實施與運作，甚至指出未來的研究方向。此外，教育社會學要成為科學之學門，則必須以科學化的研究方法，探究教育如何在社會制度中實施與運作，以增加教育的穩定性，減少教育社會行動的隨意性，提高對教育的預測性。

Unit 1-1
教育社會學是什麼

一、前言

社會學乃自18世紀西方工業革命後所興起的學門，其目的主要是在探討社會、文化、制度的變遷及人際互動的發展。而教育社會學的發展，乃繼社會學之後，結合教育學的理論與實務為基礎，所延續及探究其與社會之間關係的另一學門。

不過，由於時空背景的變遷及研究取向的差異，學者對教育社會學的概念有不同的詮釋。然而，一般比較普遍及共通性的看法，即將「教育社會學」（Sociology of Education）視為研究「教育」與「社會」之間「交互作用」的科學（林清江，1972）。換言之，教育社會學在教育學術研究領域中，屬於一門較為新興的學門，其乃介於教育學與社會學之間的一門學科。

二、教育社會學的目的

教育社會學為何會興起？其主要之目的為何？從法國涂爾幹（E. Durkheim）曾說：「社會先於個人」（society is prior to individual）（引自戴曉霞，2005）的看法得知，社會先於個人而存在，個人經由教育與社會化的過程中，即在默默之中學到社會所認可的價值或規範，並扮演適當的角色、行為與建立關係等。

其次，另從哲學分析取向，教育社會學之研究目的，可包括：「促使社會發展的工具」、「決定教育目標的基礎」、「應用社會學來解決教育問題」、「分析社會化過程」、「訓練教育學人員」、「分析教育在社會中的地位」、「分析學校內及與社區的互動」等。

因此，教育社會學企圖要探討的主要目的，即在於引導我們了解其與社會、家庭、政治、經濟、文化等之間的關係為何？其係是如何運作的？為何如此運作？等並指出未來研究的方向。

三、教育社會學的性質

無論是初學或專家學者，皆非常關心和想要釐清「教育社會學」的發展為何？教育社會學是什麼？其對教育具有何價值？其與教育學及社會學之間又可能存在何種關係？

陳奎憙（1995）指出，教育社會學乃依據社會學的理論與方法，來研究教育的一門學科。其他學者亦將教育社會學視為教育學的基礎學科之一，分別與教育哲學、教育心理學或教育史學等，共同組成教育學的理論基礎（林清江，1972；林生傳，1990；沈姍姍，2005；陳奎憙，1995）。換言之，教育社會學主要係運用社會學的觀點與概念，來分析教育制度，以充實社會學與教育學理論，並藉以改善教育，促成社會之進步。

教育社會學乃應用社會學的理論與方法，去描述、認知、分析、詮釋有關的教育制度、教育實施、教育活動及教育場域中的各種社會行為，除強調教育學的規範性外，更彰顯教育學的科學性，因而其可說是一門「方法的」學門。

其對教育具有何價值？

教育學及社會學之間
的關係為何？

教育社會學是什麼？

Unit 1-2
教育與社會學之關係

一、前言

　　教育社會學的發展與社會學存有重要的關聯性，社會學家將教育視為一種社會制度，並認為教育乃促進社會進步的重要途徑，因而聚焦於社會存在、社會過程和社會行為等之研究。此外，要有效地實施學校教育，則應採取社會學的觀點來決定教育目標與課程，並利用社會學知識來幫助解決學校衍生的各種教育問題。因此，教育社會學發展與人類知識的演變，彼此之間存有非常密切的關係。

二、人類知識的演進

　　教育與社會的發展跟人類知識的演進，息息相關。從19世紀末到20世紀初，乃「教育社會學」的萌芽期，法國孔德（A. Comte）首創「社會學」一詞，並將人類思想知識的演進，分為「神學或設想」、「玄學（哲學）或抽象」、「科學或實證」等三個演變時期（陳奎憙，1995；蔡啓達，2015），此亦暗示著，無論人類思想、社會學或教育社會學等知識的發展，必須邁入科學化。

（一）神學或設想階段（theological or fictive）：即人類用超自然的、不可見的神或靈魂來解釋自然事物。如西方的基督教或東方教派的教義即屬之。

（二）玄學（哲學）或抽象階段（metaphysical or abstract）：又稱「形上學」階段，即人類使用「抽象」或「無法觀察」的原因來解釋自然，以追尋真實原因及取代神靈的解釋。

（三）科學或實證階段（scienrific or positive）：即人類不再以解釋自然為滿足，而進一步企圖去描述、預測、解釋與控制自然。

三、教育與社會學之關係

　　教育與社會之關係，一言以蔽之，即探討教育與外在社會環境之間，諸如教育與社會變遷、社會階層、族群、性別、文化、政治、經濟等之間的關係為何？從課程的「社會重建觀」取向而言，啓發學生自覺並付諸實踐行動，即不可忽視其對教育發展所造成的影響。

　　1899年美國杜威（J. Dewey）發表《學校與社會》（School and Society）一書，被公認是研究教育社會學的開端（沈姍姍，2005）。而教育社會學既然應用社會學的理論與方法，來研究教育實施過程，是否達到社會化之目的、功能及其相關行為，甚至探討如何改進教育的實施，以促進社會進步。因此，其可視為一門「應用的」社會學，同時也屬於一門「專門的」社會學。

　　此外，另有其他學者對其有不同之看法。某些認為其具有「溝通」教育學與社會學之功能，將其認定為「中介」學門；有些主張其早期過於強調「規範性」與「應用性」，被教育學與社會學所忽略，將其視為「邊緣的」學門；部分則認為其係教育學與社會學之組合體，而視其為「邊際的」學門（林清江，1972；陳奎憙，1995；沈姍姍，2005）。總之，釐清教育社會學的本質與價值，了解教育學、社會學與教育社會學之間的辯證關係，才是對教育社會學的最佳詮釋。

人類知識的演進

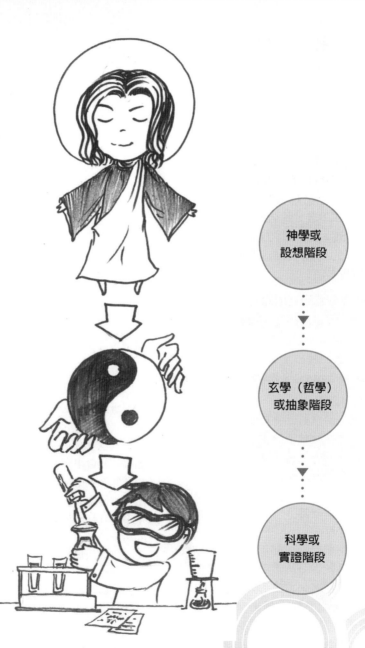

神學或
設想階段

玄學（哲學）
或抽象階段

科學或
實證階段

Unit 1-3
教育社會學的研究

圖解教育社會學

006

一、為何要研究教育社會學？

當科學知識越來越進步與發展時，教育社會學的知識發展，亦應相對地發展。換言之，對教育與社會的發展進行「描述、解釋、預測、控制」，建構完整的知識體系，乃教育社會學家們共同努力的方向。然而，我們仍需注意，以科學化的方法進行探究固然重要，若僅以單一的科學研究方法來探究，不但無法妥善解決問題，反可能衍生其他錯誤的概念或爭議，甚至誤導。因此，從其他多元的角度，甚至以人文批判角度來反思教育社會學的概念、實務與價值，方為研究教育社會學的本質。

二、教育社會學的研究取向

有關教育社會學的研究典範，一般將其分成「微觀與鉅觀」、「量化與質性」、「實證與人文」等研究取向（陳奎憙，1995；蔡啓達，2015），茲說明如下。

（一）微觀與鉅觀

1. 鉅觀研究：從整體社會角度，探究教育制度、結構、社會階層化、社會變遷模式、社會流動等架構或關係。無論結構功能或衝突學派之研究皆屬「鉅觀社會學」（macrosociology）研究，此取向常被譏「大而無當」、「與教育現實無涉」等問題。

2. 微觀研究：興起於1960年代以後，以教育本身的系統為分析重點，探究學校的教室語言分析、學習生活分析、師生互動、學校運作歷程、學生次級文化、師生關係等實際社會生活。「微觀社會學」（micro-sociology）研究常被批評「見樹不見林」。另外，美國的默頓

（R. C. Merton）認為應在微觀與鉅觀研究之間建立「中程理論」（theory of the middle range）的相關命題之邏輯演繹，以推演出較小的理論，並相互驗證或整合成一個更寬廣的理論。

（二）量化與質性

1. 量化研究：運用自然科學的方法，如問卷調查、統計分析，進行資料的蒐集、分析與處理。實證研究具相對的客觀性，但其解釋常過度的簡單化、數據化、非人性化，卻常常令人詬病。

2. 質性研究：以文字描述現象，而不用數字解釋，主張對研究結果應帶有感情的理解，才能更符合社會的實際情形。諸如使用人種誌深入探究人類行為，運用「批判方法」對主觀價值的反省與批判，以「現象學方法」對現象進行理解與觀察等。

（三）實證與人文

1. 實證研究：法國孔德（A. Comte）最先提出，他認為研究社會應以客觀科學方式為之；其次，法國涂爾幹（E. Durkheim）倡導「社會事實」（social fact）的實證分析；此外，德國的韋伯（M. Weber）也提出「價值中立」（value free）的規範，注重事實判斷，反對價值分析，以強化科學的研究精神。

2. 人文研究：係對「實證量化」的反動，此派強調對現象進行理性觀察，認為對研究結果的解釋若過度聚焦於數字化，往往使教育或社會現象流於「非人性化」、「簡單化」的「化約論」取向，缺乏人類社會獨特富有的情感色彩之理解。

微觀研究
見樹不見林
探究實際社會生活

量化研究
問卷調查
統計分析

鉅觀研究
大而無當
與教育現實無涉

Unit 1-4
教育社會學的發展

一、前言

　　教育與社會的發展，兩者之間即存在非常密切與複雜的交互作用關係。涂爾幹（E. Durkheim）曾說：「教育即社會化。」杜威（J. Dewey）亦曾說：「學校即社會之縮影。」由此可知，社會的文化、價值、規範與制度，需透過教育的實施歷程來傳遞與延續，社會的革新與進步，亦需依靠教育來實現。無疑學校教育乃屬社會制度的一環，教育的實施或活動，更屬於一種社會行為。

　　回顧西方自18世紀工業革命後，由於工業技術的進步，改善了人類的生活並帶來許多的便利。然而，人類在「社會化」的過程中，也伴隨著文化失調、學習問題、心理壓力等問題的產生，而此則間接促成教育社會學研究的興起與發展。

二、教育社會學的發展

　　20世紀初，教育社會學在美國逐漸蓬勃發展，有關教育社會學的演變。茲綜合學者看法將其分為三個時期（林清江，1972；陳奎憙，1995；沈姍姍，2005）：

（一）傳統的教育社會學

　　自1883至1950年起為奠基及草創時期，強調「規範性」、「應然面」，具「應用」、「哲學」、「社會行動」等導向，參與探討者以教育學者較多，社會學者較少。早期學者主張教育乃促進社會進步的重要途徑，為有效實施教育，應採取社會學的知識與觀點來決定教育目標與課程。此時期以哲學思辨為主，忽略科學實證，因而不免被視為非科學之學門及淪為應用社會學之虞。

（二）新興的教育社會學

　　自1950至1970年受社會學領域實證論（positivism）的影響，研究採用結構功能為主的「實證量化」研究方法，屬「證驗性」階段。其特色為「屬社會學的分支」、「強調科學驗證及分析」、「建立理論為目的」。此階段的發展，乃對早期過度重視應用社會學的知識與技術，卻忽略「教育研究」，導致無法全盤理解教育與社會之反動。此「應用」與「理論」之爭，在1963年美國社會學學會將「Educational Sociology」更名為「Sociology of Education」，凸顯邁向純科學之路後而終止（沈姍姍，2005）。

（三）新的教育社會學

　　自1970年以後，屬「批判性」階段，其研究特色為「批判性」、「質的研究」、「微觀」等。此派論點導源於現象學的「詮釋」觀點，注重微觀取向研究，迥異過去科學量化的鉅觀研究，有系統地分析學校組織及學生個人的成就關係，卻忽略以微觀方式來探究每天的學校生活及教室中師生互動情況，而逐漸受到人類學研究取向之挑戰；不過，此確為教育社會學研究注入新的源泉活水。

　　1980年之後，受到政府財政、政策、師培轉向、社會正義、教育績效等因素之影響，而使研究的焦點、觀點、方法趨於多元化，如性別、種族、多元文化等議題的浮現，及新馬克思主義、女性主義、後現代主義取向之研究的興起。

Unit 1-5
教育社會學的理論

圖解教育社會學

一、前言

　　教育社會學係界於社會學與教育學之間的學門，屬於應用社會學與教育學的理論，是探討教育與社會之間相互關係的科學。一般而言，其主要的理論包括和諧論（Consensus theorists）、衝突論（Conflict theorists）、解釋論（Interpretive theorists）等三者。

二、和諧論

　　和諧論又稱結構功能論，主張社會乃屬一個巨大結構，且類似生物有機體的概念；認為社會上的各部門，可以相互協調及維持社會的發展；主要特徵強調「統整性」（integration）、「穩定性」（stability）、「一致性」（consensus）。其主要代表人物及理論大致包括涂爾幹（E. Durkheim），強調教育的社會功能；帕森斯（T. Parsons），提出社會行為（social action）作為社會學分析的單位；墨頓（R. K. Merton）為功能主義的集大成者，並修正原有的理論。

三、衝突論

　　衝突論將社會體系分成支配者與從屬者，彼此具有利害關係，且會因利益之衝突而不斷對立。主要特徵包括對立與衝突（opposition and conflict）、變遷性（change）、強制性（coercion）。其主要的代表人物包含馬克思（K. Marx）、柯林思（R. Collins）、包爾斯與金帝斯（S. Bowles & H. Gintis）、布迪厄（P. Bourdieu）、艾波（M. Apple）、威里斯（P. Willis）、華勒（W. Waller）等。

四、解釋論

　　解釋論與和諧論及衝突論的學派屬不同的分支，屬於社會學微觀（micro）取向，以社會的日常活動作為研究對象，強調人類在思想及行為的自主性及主動性，並重視行為背後的意義。其主要特徵包括日常活動、主動性、意義、互動與磋商、主觀性等；其以非實證、質的研究為主，主要理論來自於現象學（phenomenology）、俗民方法論（ethnomethodology）、符號互動論（symbolic interactionism）、知識社會學（sociology of knowledge）、批判理論（critical theory）等。

　　此派代表人物包括創立「現象學」的胡賽爾（E. Husserl）；米德（G. H. Mead）的「符號互動論」；提出「戲劇論」（dramaturgy）的高夫曼（E. Goffman）；庫利（C. H. Cooley）的「鏡中自我論」；湯姆士（Thomas）的「情境定義論」；布魯默（H. Blumer）的「抒情群眾論」；湯瑪斯（W. I. Thomas）的「情境定義論」；貝克（H. S. Becker）的「標籤論」；伯恩斯坦（B. Bernstein）的符碼理論（code theory）等。

五、小結

　　和諧論和衝突論皆採鉅觀角度，探討社會結構之問題；而解釋論則以微觀取向，分析社會生活之層面。解釋論觀點所探究的教育問題，其成果適可補偏救弊，但卻無法取代教育社會學研究的主流，三者各有所長，可相輔相成，以提供我們理解更完整的教育社會學風貌。

社會屬一個具大結構，由包含行政、學校、醫院、交通網路等體系所構成！

師生雙方衝突

勞資雙方衝突

戲劇符號互動

師生教學互動

Unit 1-6
教育的社會功能

一、前言

學校教育能在社會中繼續存在，乃有其貢獻、價值與使命，且扮演相當重要的功能與角色；然而，學校具有發展維持社會功能、製造衝突對立或促進社會轉型等何種功能，因不同學派論點之差異，而屬見仁見智！

二、學校教育的社會功能

學校教育與社會之間關係密切，甚至扮演重要的角色與社會功能。茲綜合學者看法，將其功能約略分述如下（林清江，1972；陳奎熹，1995；王麗雲，2005）：

(一) 結構功能論（structural-functionalism）將社會視為有機體，認為社會是靜態的、和諧的，主張學校具有維繫穩定社會結構、延續既有社會秩序的功能，是社會化的主要機構。換言之，學校教育在於滿足現代民主社會所需之知識、政治、社會、經濟等之需求，具有「知識生產與傳遞」、「選擇與分配」（培養社會所需的人才）、「社會化」（培養具有共同價值和信念）等「正向」的功能。如帕森斯（T. Parsons）認為學校教育的功能是發展和維持現代民主社會。

(二) 衝突論（conflict perspectives）主張教育具有「負向」的功能，認為學校是維持社會優勢團體之利益，而淪為社會階級競爭的場域。強調社會衝突乃是必然的現象，但卻是社會變遷與進步的動力。如美國的包爾斯與金帝斯（S. Bowles & H. Gintis）認為學校即再製生產社會關係；美國的華勒（W. Waller）以支配從屬論，將學校視為一個專制極權的組織，認為師生關係的本質是衝突與對立，教師權威乃高高在上。柯林思（R. Collins）認為現代教育的擴張（如文憑主義的興起），並非是因為社會發展的需求而致，而是因為身分團體間的競爭所導致。

(三) 符號象徵互動論（symbolic interactionism）又稱芝加哥學派（School of Chicago），雖此派公認米德（G. H. Mead）為此學派的開創者，但最先提出此名詞則是其學生布魯默（H. Blumer）。此派以微觀角度，研究聚焦行動者，關注教育內涵、過程等，具有彌補結構功能論與衝突論的鉅觀角度之不足。如貝克（H. S. Becker）於1952年對教師生涯及價值觀的研究（Becker & Geer, 1966）；傑克森（P. W. Jackson）於1968年分析教室中的教師行為、教學過程及師生互動等。

三、小結

從一些論述亦證明學校教育所具有的重要性與功能，諸如19世紀時法國孔德（A. Comte）與英國史賓賽（Hebert Spencer）即同時關注教育與社會之發展。1883年美國華德（L. F. Ward）在「動態社會學」中亦曾有系統地探討教育與社會進步之關係（陳奎熹，1995；沈姍姍，2005）；在「社會導進論」中亦主張應透過有目的之「社會行動」來引導社會的進步（陳奎熹，1995）。1899年美國杜威（J. Dewey）出版《學校與社會》一書，更將學校視為社會制度之一（Dewey, 1902/1990）；1916年在《民主與教育》書中，也肯定教育即經驗不斷地重組與改造的過程，並為實現社會民主的重要手段（Dewey, 1916）。

和諧師生關係有助教學的正向發展！如同和諧論主張社會其實具有正向的功能與價值！

衝突的師生關係不利於教學的正向發展！如同衝突論主張師生關係的本質是衝突與對立！

Unit 1-7
教育與社會流動

圖解教育社會學

一、前言

在任何國家的社會中，社會不平等現象雖是一個存在的事實，但社會階層能否上下自然流動，除可檢視「社會開放」程度的重要指標外，社會流動亦具有「激發社會成員的潛力」與「解構社會不平等」的重要功用。

功能學派者即認為教育的主要功能，就是促進社會階級的流動。在開放的社會中，會有許多水平或垂直流動的機會，但是現在的社會都是介於開放與封閉之間，亦即「流動」是受到某種程度的限制的（洪祥，2006）。

二、社會流動的類型

014

社會流動（social mobility）即指社會中的各階層，會有向上或向下相互移動的現象。在開放社會中，立足式的平等並非現實，齊頭式的平等則弊多於利。有關的社會移動的現象，通常包括「水平流動」（horizontal mobility）、「垂直流動」（vertical mobility）、「代間流動」（intergenerational mobility）、「代內流動」（intragenerational mobility）等四種（洪祥，2006），茲將其說明如下：

㈠ 水平流動：指個人或群體從平行的社會階層中轉換，即個人職業的變動。

㈡ 垂直流動：指個人或群體因聲望或財富的增減，而從社會階層換到另一個社會階層，包含向上流動（upward mobility），即社會地位提升；或向下流動（downward mobility），即社會地位降低。

㈢ 代間流動：指不同世代間階級的流動，即父代和子代社會地位的變化。

㈣ 代內流動：指一個人一生中社會地位的變化。換言之，當個人經歷不同的社會地位所形成的流動時，是否擁有與其他人一樣的機會，能在這一代之內，向上移動（甘願向下流動之人畢竟是少數）。

三、影響社會流動的因素

一般而言，影響社會流動的因素，通常包括缺乏機會、性別、教育程度、職業、收入、婚姻、族群、籍貫及社會變遷等。在討論教育議題時，代間流動格外受到注目，因其涉及到任何的社會成員，能否藉由個別的努力（如考上大學），從上一代所屬的社會階層，移動到自己所企嚮往的社會階層。通常代內流動比較容易改善，但代間流動則難免受制於強大的慣性，此不只受天生（nature）影響，亦受後天的環境（nurture）使然。

而要增加代間流動，教育是最有效之方法，因教育投資與教育效果成正比。而擁有較多社會資源或高社經地位者，其子女即比較容易獲得較佳的教育機會；反之，缺乏社會資源或低社經地位者，其子女要獲得較佳的教育機會便處於劣勢。

所以，一般各國政府要增加社會流動，經常藉由實施教育優先區，提高教育普及率，延長義務教育年限，增加對弱勢貧困家庭及學前幼兒教育的補助，推動技職教育，增加就業率和降低創業門檻等，以改善社會階級流動，促進教育機會均等，創造平等的未來。

水平流動
個人社會地位轉換

垂直流動
個人社會地位
向上或向下流動

代間流動
父子社會地位的轉換

代內流動
個人一生社會地位
向上或向下流動

Unit 1-8
教育與社會文化

圖解教育社會學

一、前言

　　教育之目的是具社會性的，傳統社會所遺留的風俗、習慣、信仰、價值、觀念、行為規範、生活方式等，不但會影響學校教育的實施，特別是學生人格的養成與發展，且皆需透過學校教育系統，方得以傳遞與延續，才具有其意義。易言之，學校的教育系統，在形式上而言，除了屬於社會制度的一環之外，另從其所傳遞的教育內容來看，卻又隱含某些社會文化的價值。所以，現代社會文化是學校教育影響因素中最重要的，其既是作用者，亦是被作用者，其彼此之關係，既是相對自主，又且相互依賴！

016 二、社會文化與教育的關聯

　　社會文化即是特定人群的共識！個人為適應現在及未來的社會生活，必須經由學校教育活動或人際互動過程，而習得、認同並接受社會文化的價值體系、規範及行為模式。換言之，個人的行為模式，乃是在社會文化的氛圍中與他人互動的結果，此種外顯行為不但受到他人或團體的影響，亦受到社會規範之約束，而個人的行為也影響他人或所隸屬的團體。

　　一個國家社會文化的開放程度，亦深深影響學校教育之實施。在開放自由的民主社會中，學校教育比較能自由發展；但在封閉極權（或集權）的社會中，學校教育比較封閉，教育思想受到限制。

　　此外，受全球化、國際化、地球村的潮流趨勢之發展，許多新興工業化國家，諸如美國、日本、韓國、台灣等，因跨國婚姻關係，擁有來自不同國家的社會文化，因原生國家的風俗、文化、習慣及民情之差異，加上語言的隔閡，使學校教育實施時，面臨許多的「標籤化」、「汙名化」與「歧視」等問題與挑戰。透過學校教育的進行，讓不同的文化在同中求異、異中求同，減少或避免造成社會不平等的現象，才能實現真正的文化相對主義之平等社會。而此也蘊育「族群關係」、「多元文化」、「文化素養」、「文化理解」及「文化回應教學」等議題之興起，亦有助學校教育的正常發展及社會公平正義的實現。

三、社會文化的再製

　　從狹義的社會文化層面而言，當學校教育在知識的選擇、分配、傳遞或評鑑等方面，即可能以明顯或潛在的方式，選擇或忽略某些價值，來進行價值引導，並經常再製或複製社會優勢階層的意識型態之霸權（ideological hegemony）。

　　法國的阿圖塞（Althusser）（1971）認為學校即是「意識型態國家的機器」（Ideological State Apparatus, ISA）。美國的艾波（M. Apple）於1993年也曾說：「教育並非價值中立的事業。」換言之，任何學校教育系統皆必須製造（produce）及再製（reproduce）本身存在的文化，並使其文化得以延續，當透過執行其灌輸功能時，而完成其文化再製文化的功能；而此文化再製，若以國家意識型態與權力為核心，則常有利於優勢團體或階級關係的再製，而形成所謂社會階級再製。

開放自由民主社會
學校教育自由發展

封閉極權（集權）的社會
學校教育封閉與受限制

Unit 1-9
教育與社會階層化

圖解教育社會學

018

一、前言

社會大眾通常會因性別、族群、教育程度、社經地位、職業、財富、聲望、權力、生活區域及生活方式等差異，而獲得不同等的資源分配或社會地位，並產生一種社會分層的現象。教育與社會階層化，即探討「出生背景」、「教育」與「職業」三者之間的關係；換言之，學生是否會因出生背景的差異，而影響未來的教育發展，甚至影響未來職業的選擇？

二、何謂社會階層化

社會階層化（social stratification）係指社會中的成員，按照不同程度的財富、權力、聲望、職業等類別，而被劃分到不同的社會等級之狀態。而被劃分為不同等級的一群人，則被稱為一個社會階層（social stratum）。

社會階層化自古即有，且無處不在，形式多變，在資本主義的社會發展過程中，經常伴隨著貧富差距或城鄉發展不均等現象。此外，社會階層可能透過教育而重組，個人亦可藉由其能力或努力來改變或提高其社會地位。

三、社會階層化的相關理論

通常用來說明教育與社會階層化之間關係的理論，包括「功能論」、「人力資本論」、「文化資本論」等三種，說明如下：

（一）功能論

社會演化的趨勢，從重視人的出生背景（家庭、種族、性別）轉向到重視個人的後天努力；只要努力學習及工作，就能獲得較重要、較高的職位，並發揮較大的功能。如台灣早期貧困子弟因為就讀師範學校畢業後擔任小學教師，不僅改善家境生活，也提升家庭社會的地位，此即反映教育的「社會流動」之功能。

（二）人力資本論（Human Capital Theory）

Becker（1964）指出，經由學校教育與在職訓練等方式，以提升個人專業知識並提高生產力。Schultz（1962）也認為，教育具有提高人力素質的功能，可視為一種投資，將人力視為一種資本，與土地和金錢一樣，可投注於經濟的生產。

換言之，較高的教育水準，擁有較高的生產力，在教育所作的投資越大，教育程度越高，所貢獻的專業技能越大，所得報酬也越多，則代表「人力資本」越高；此與經濟生產有關的知能或人力資本越高時，則生產效率亦越高，產品附加價值也越大，因而所得的報酬也就越多；此基本論點，似乎與「功能論」不謀而合。

（三）文化資本論（Cultural Capital Theory）

係指知識、語言、思考模式、行為習慣、價值體系、生活風格或慣習等所組成的形式，在某些條件下，文化資本能轉換成經濟資本，其係經由教育文憑的形式而被制度化的。

教育乃累積文化資本的重要途徑，個人隨著所受教育與文化資本的提高，未來能得到的聲望與職位也越高，並進而提高個人的所得。社會不同階層所獲得的文化，包括物質面的環境、物品與精神面的氣質、舉止都會不同，而教育會使階層化更明顯，其論點與「功能論、人力資本論」強烈不同。

功能論

藉由個人努力獲得較重要、較高的職位,反映教育的「社會流動」之功能

人力資本論

藉由投資教育,可以有效提升人力專業素質與能力,進而提高個人生產力

Unit 1-10
知識社會學

圖解教育社會學

020

一、前言

愛爾蘭詩人葉慈（W. B. Yeats）曾說：「教育不是注滿一桶水，而是點燃一把火。」（Education is not the filling of a pail, but the lighting of a fire.）

知識是社會所形成的，課程是社會所組織的，因而學校教育知識從來就不是價值中立的；換言之，課程知識的選擇、學校課程的安排與組織，均存有社會階層化的現象。所以，知識與課程的選擇、分類及傳遞，也與社會文化及社會結構息息相關，皆反映現實社會的權力與利益分配的情況。

二、知識社會學的概念

知識社會學（Sociology of Knowledge）的發展，始於馬克斯（K. Marx）思想中對意識型態的批判。知識社會學源於現象社會學，此一詞最早係由德國的哲學兼社會學家謝勒（M. Scheler）所提出，到曼海姆（K. Mannheim）之後，才逐漸走向社會學領域。

知識社會學強調知識的形成無法脫離社會文化層面，與社會文化具有很強的關聯性，知識隱藏著價值判斷，其形成或產生並非價值中立或客觀的。換言之，知識社會學乃探究知識的內容及呈現方式，其可能如何受到社會文化因素的影響。

知識社會學繼承胡塞爾（F. G. Husserl）及蘇爾茲（T. W. Schutz）的學說，到英國孟漢（Mannheim）發展成有系統的學問。後續由英國的楊格（M. Young）與伯恩斯坦（B. Bernstein）展開對知識與教育的研究，使知識社會學研究逐漸由鉅觀轉入微觀的分析。

三、Young與Bernstein對知識社會學的看法

楊格於1971年出版《知識與控制》一書，強調課程知識的呈現，知識的選擇、分類、傳遞與評鑑和社會權力的分配有關，且認為權力可以使知識的主要範疇合法化。易言之，楊格認為知識乃是社會所形成的，知識社會學企圖探討的即是有關學校知識的控制與管理，以及學校知識與權力的關係，此即為何學校課程有所謂高階知識（主科）與低階知識（其他科目）之區分。

英國的伯恩斯坦曾研究不同社會階層的語言類型，發現中上階層的家庭，使用「精密型語言」（elaborated code），比較重視子女的語言表達及抽象觀念的認知，在言談當中，使用較多的字彙、形容詞、副詞、抽象句等，並有清楚的邏輯關係之語言。

其次，Bernstein認為兒童的語言型態，會影響學校教育的成敗，低階層兒童的用語簡單及拘泥，字彙範圍較為狹窄的「抑制型語言」（restricted code），表達意義較不明確，語言內容較為粗糙，也有可能較不符合邏輯。再者，Bernstein將課程分為「聚集型課程」（collection code）與「統合型課程」（integrated code）兩種；統合型課程的特徵，在於企圖消弭社會階層的界線，師生關係較為平等，可增加學生自主性等，在民主化、多元化的社會中，為追求社會公平正義、階層流動，學校的課程也會逐漸趨向統整式的課程。

高階課程知識
國語、數學、社會、自然……

低階課程知識
音樂、美術、舞蹈、體育、表演……

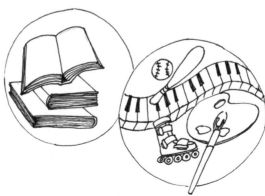

重要人物的思想

 章節體系架構 ▼

　　無論古典或當代的社會學家，皆嘗試從多元及不同的視野來看待教育與社會的發展，他們宏觀的思想與觀點均對我們人類後續的教育行為與活動之發展，產生非常重要的啟示與引導，實為教育社會學樹立扎實的理論根基。

Unit 2-1
法國孔德的思想

圖解教育社會學

024

一、前言

在尚未有教育社會學之前，法國孔德（Auguste Comte, 1798-1857）的早期著作《實證哲學教程》及其言論，已為社會學及萌芽中的教育社會學提供發展方向的指引與基礎！他致力於建立科學的社會學研究，對這兩個領域的貢獻相當顯著，更對後續社會學及教育活動的發展，發揮非常重要的啟示與引導，因而被尊稱為「社會學之父」（陳光中、秦文力、周素嫻，1996）。

二、主要思想與教育的關係

雖然許多的學者將Comte稱為「社會學之父」，不過仍有某些學者認為此看法是否恰當，乃取決於我們係從何種角度來看待而尚存有爭議。關於Comte曾經提出的重要思想，且與教育有關的部分，茲將其扼要列舉說明如下：

（一）主張科學化

Comte在《實證哲學教程》中，最先提出實證研究典範，在第四卷中首創並提出「社會學」（sociology）一詞，探討社會學的研究對象、任務和意義。他認為社會學的發展應走向科學化，不能僅停留在個人理性思維層次的描述探究，必須提供一個具體的研究基礎，方能建立穩固及更新的社會；換言之，對教育問題的探討亦應如此，應兼顧理性思維及科學的觀察、統計與分析，才能使教育不斷地向前邁進與創新。

（二）知識的演進

Comte認為人並非生而即通曉萬事萬物，知識的演進乃具有一定的法則，在知識的演進方面，將人類知識的進化分成三個階段：第一，「神學」（metaphysical）階段，即以上帝或神來解釋。第二，「玄學」（theological）階段：進入到以形而上或普遍本質來解釋。第三，「科學」（positive）階段：運用觀察、實驗、分析來探究事物（陳奎熹，1995；蔡啓達，2015）。

（三）社會學的分類

Comte認為社會是整體的、有機的且相互關聯，並依照物理學分類法，將實證社會學研究，分成「社會靜學」（指社會制度間關係及其相互作用與反作用）和「社會動學」（指社會變遷過程及其相互關係）等兩個主要概念。同樣地，有關複雜的教育問題之探究，亦無法脫離靜態的教育制度及動態教育變遷等範疇之研究。

三、結論

Comte認為人的感性是社會發展的動力，人的智慧是社會發展的工具，學校教育的普及化乃社會穩定的基石。社會的文化、語言、風俗、制度等，皆需透過教育的傳遞過程；換言之，學校教育乃提升人類感性及智慧的重要機制，亦是承續社會組成與發展的核心因素。因此，從社會學的角度來看待教育，其重點即在於要研究如何使教育能實現或提升社會的功能與價值，使得人類的社會得以延續與傳承。

學校教育的普及化乃社會穩
定的基石。社會的文化、語
言、風俗、制度等,皆需透
過教育的傳遞過程。

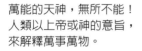

萬能的天神,無所不能!
人類以上帝或神的意旨,
來解釋萬事萬物。

以形而上或普遍
本質來解釋萬事
萬物。

運用觀察、實驗、分析來探
究事物。

……教育
社會學……

實證
哲學
教程

Unit 2-2
英國史賓賽的思想

圖解教育社會學

026

一、前言

英國的社會學家史賓賽（H. Spencer, 1820-1903）素有「科學教育之父」、「社會達爾文主義之父」、「英國社會學之父」等稱呼，其最大貢獻在於將社會學與生物學的概念，加以整合並運用在社會學研究，且承繼法國孔德的社會學思想，亦將社會視為一個有機體，並認同及採用「社會學」一詞之術語。

二、主要思想與教育的關係

Spencer認為事物現象的背後雖有實體存在，但絕對實體卻是不可知的，人類所知的僅只是經驗的表象而已。他曾引用達爾文（Charles Darwin）「演化論」（theory of evolution）的普遍性觀點，來分析人類社會的發展，主張人類社會即是一個「汰弱擇強」、「適者生存，不適者淘汰」的過程，社會受此法則之影響，才能得以不斷地進步與發展。茲將其主要思想與教育之關係，扼要列舉說明如下：

（一）有機比擬論（organic analogy）

Spencer認為社會和生物皆如有機體一般，具有生命組織的特徵，其並發現兩者皆具有五個相似之處；包括：1.均屬於「由小至大」、「由簡單至複雜」的過程；2.隨著體積的增加，結構日趨複雜；3.隨著結構的複雜，功能亦隨著分化；4.因功能的特殊而趨於獨立；5.社會整體生命大於部分的生命（楊瑩，2000）。上述這些即具有「分化」、「整合」之概念，則成為社會學的研究工具而被流傳於後。

（二）生活預備說

Spencer從「演化論」的角度，提出「生活預備說」，主張教育目的即是為個人未來的完美生活作準備，而此學說則深深影響美國20世紀中等學校教育目標的訂定。他曾提出「什麼知識最有價值？」，認為人類生活中的「生存」、「謀生」、「教養子女」、「公民道德」、「休閒娛樂」等與自我生存皆具有非常直接的關係，屬於最有價值的教育活動，若能對這些活動作充分準備，則未來即能過完美生活。

（三）個人主義的教育論

Spencer認為教育即是將具有自然本性的人，引導進入社會文明的過程，其將教育分成「智育」、「德育」、「體育」等三部分。他主張教育即是透過智能訓練方式，將人類心靈的各種能力轉變為智能（faculties）；在道德教育方面，以西方的「快樂主義」（hedonism）為根基，認同盧梭的「自然懲罰說」，指出行為之目的在於求善，行為結果的價值則建立於個人的苦樂之感受，凡越能引起個人快樂的，則越具有行為的價值。

三、結論

Spencer從社會文化的實用觀點，強調「科學知識」乃是人類最有價值的知識，而知識則是促進或發展智能的工具。至於科學則包括「真」、「善」、「美」，涵蓋「知識」、「品德」、「宗教」、「美術」等領域。

Spencer：人類社會即是一個「汰弱擇強」、「適者生存，不適者淘汰」的過程！

人類演化的過程
具有「分化」、「整合」之概念

Unit 2-3
德國馬克思的思想

028

一、前言

德國的社會學家馬克思（K. Marx, 1818-1883）是「馬克思主義」（Marxism）的創始人，分析與批判資本主義發展的畸形，認為階級衝突才是社會進步的主要動力，雖未直接論及教育的相關議題，但在探究資本主義與社會主義的實踐過程中，卻始終將教育作為一個非常重要的內容，深深影響後代對教育社會學的分析。

Marx認為不是人們的意識決定其生活，而是其社會的存在決定其意識，物質生活的生產方式制約人類的社會生活、政治生活和精神生活等；換言之，教育存在社會之中，隨著社會的產生而產生，也隨著社會的發展而發展，因而亦受到社會的政治、文化與經濟之影響。

二、主要思想與教育的關係

Marx的思想屬於「衝突論」，認為學校的教育制度，並無法提供均等的機會給所有的人，只是滿足資本主義社會的勞動力需求，並用來「再製」（reproduction）一代代的階級制度而已；但自1970年代以後，西方的「新馬克思主義」對此卻有不同的詮釋與新見解。茲將其主要思想與教育之關係，扼要列舉說明如下：

（一）社會階級論

Marx曾從「歷史唯物論」和「辯證唯物主義」來闡述教育的本質，強調不同的時代有不同的社會制度，決定不同的教育方向、目標、內容和教育方法，並且會反過來對社會產生某種重要的影響作用。當統治階級將教育視為階級鬥爭工具時，經常會藉由教育來灌輸其階級思想，培養其階級所需之人才，以鞏固其階級統治的利益，而使教育變成統治和壓迫人民的工具。

（二）經濟決定論

Marx在探討社會的經濟問題時，主張經濟基礎決定上層結構（經濟決定論），認為教育作為一種上層結構，但仍受制於經濟基礎，同時亦對經濟基礎產生反制作用，而經濟結構卻又是社會衝突和革命產生的因素，也決定社會的階級。

（三）疏離與異化

教育會生產勞動能力，教育是生產力的再生產過程。當資產階級為自身利益及鞏固統治地位時，會害怕人民接受教育，而將人民訓練成機器，訓練成會說話的工具，以為他們創造更大的利潤，而此種訓練即違背、扭曲及異化（alienation）教育的本質，也容易導致人類的疏離。

三、結論

Marx非常關注人的全面發展，認為人的全面發展無法離開教育，教育足以讓人擺脫分工所帶來的片面發展，培養人的各種能力，使人得到全面的發展。因此，學校教育若能使人的智育、體育、綜合技術等獲得和諧的發展，即可使學生成為身心健康、體腦結合、各種才能皆能得到全面發展的全新之人。

Unit 2-4
法國涂爾幹的思想

一、前言

法國的社會學家涂爾幹（E. Durkheim, 1858-1917）素有「教育社會學之父」之稱，亦被尊稱為社會學的奠基者，其與馬克思、韋伯（Max Weber）等三人，被並列為三大「古典社會學家」。他所出版的四部巨著，包括《社會分工論》（1893年）、《社會學方法的規則》（1895年）、《自殺論》（1897年）、《宗教生活的基本形式》（1912年）等，可窺知其主要的思想脈絡，而此則皆被視為奠定社會學的基礎論述。

二、主要思想與教育的關係

Durkheim承繼Comte的實證主義理論，其思想屬於「結構功能論」，乃第一位有系統地考察教育和社會之關係者，強調教育具有社會功能，教育的制度及功能即應滿足社會的需求並維繫社會的生存。茲將其主要思想與教育之關係，簡要說明之：

（一）社會事實（social fact）

Durkheim提出「社會事實」（或社會現象）乃實證社會學的特定研究對象，社會事實獨立存在於個人之外，其具有「客觀」、「強制」、「普遍」等三種特性（耿玉明譯，1995）。Durkheim強調社會學應使用「自然科學」的實證分析方法，來探討社會事實間所存在的因素、結構與功能，實乃奠定社會學方法論的基礎，並實現Comte的實證主義社會學之構想。

（二）社會連帶論（social solidarity）

Durkheim從社會觀點來分析社會的現象，主張人與人的接觸，在共同信念與價值的基礎上，則能使社會自然產生一種和諧與平衡的關係，此即社會的連帶性。Durkheim將社會連帶分為「機械連帶」和「有機連帶」兩種關係，前者係指在傳統社會中的各成員具同質性，社會價值和行動一致，以共同感情為基礎，社會對個人的束縛較大；而後者則指現代社會中，成員具異質性，由於社會高度分工而使個人皆具特殊性，人與人之間以共同利益為基礎，如有機體般必須相互依存及合作。

（三）集體意識（collective conscience）

Durkheim認為社會的形成，乃奠基於社會多數成員所共同認同的信仰、情感與價值，形成一種獨立生命的固定體制，此即所謂的「集體意識」。換言之，集體意識乃構成社會的基本元素，遍及整個社會，對個人行為產生具有極大的約束力。

三、結論

Durkheim曾主張「社會大於個人總和」，社會的組成分子乃為整體社會的延續與生存，強調建立「教育共識」的「集體意識」（collective conscience）之重要性；教育的功能即社會化，其使命即是在日益分化和異質化的社會中，創造和維持團結與一致。換言之，教育就是成年人（成熟的世代）對新一代年輕人（未成熟的世代）進行有系統地社會化，則社會才能不斷地繼續發展與存續。

_____

社會事實   集體意識

社會
連帶論

涂爾幹（E. Durkheim）

宗教的集體意識

道教　　　　回教　　　　基督教

集體意識

1.多數成員共同認同的信仰、情感與價值！
2.Durkheim曾主張「社會大於個人總和」！

Unit 2-5
德國韋伯的思想

圖解教育社會學

一、前言

德國的社會學家韋伯（Max Weber, 1864-1920）是德國經濟、政治、社會及宗教等方面的學者，他的理論對組織、行政與管理的影響相當深遠，被公認為近代社會學的重要創始人之一，素有「近代社會學之父」之稱。他的學術思想成就非凡，但卻迥異於Durkheim從一開始即建構出完整的理論體系，展現一種非系統化、漸進的與多元的建構取向（石計生，2006）。

Weber和Durkheim皆曾強調正式教育機構及國家控制教育的重要性，Weber也曾指出「理性主義」（rationalism）乃西方最大的文化資產，其所提出的「價值中立」（value free）的規範，注重事實判斷，反對價值分析，強化科學的研究精神。

二、主要思想與教育的關係

（一）科層體制（bureaucracy）

Weber提出「科層體制」的概念，強調任何理想的科層組織，係依據合法的法律程序而設立的，有其明確目標及完整的法規制度，規範成員的行為，以有效地達成組織的目標；科層體制的結構乃是層層控制的，組織中的成員有其固定和正式的職責，並依法行使職權。科層體制乃法定權威的典型表現，其特徵包括「依法行事」（rules and policies）、「專業分工」（specialization and division of labor）、「用人唯才」（expert training）、「層級體制」（hierarchy）等。

然而，科層體制亦有其限制，其刻板、無彈性、按部就班，以提高效率為最高原則，也產生諸如「寡頭鐵律」、「彼得原理」、「帕金森定律」、「官樣文章」、「忽視非正式組織」等問題。若學校教育的科層體制要順利運作，則溝通必須配合並行，才能改進教學和行政效率，產生積極的功能，否則可能會妨害教師專業自主的發展。

（二）權威的類型

權威（authority）即使他人順從特定的行為改變、期望、要求、命令等，Weber認為任何組織若想要達成目標，必須以某種權力形式為基礎，並讓組織有秩序地運作。他將權威分為三種：第一，理性的、法律規範的「法定權威」（legal authority）；第二，古老慣例或世襲而來的「傳統權威」（traditional authority）；第三，對個人的崇拜與追隨的「魅力權威」（charisma authority）。

隨著時代的變遷，傳統教師的角色已有所轉變，教師傳統的權威也隨之式微，教師應思考如何有效合理運用三種權威，並因應個別差異，兼顧愛與法則，方能重建和諧的校園倫理與良好的師生關係。

三、結論

Weber認為人與動物之差異，即在於人擁有最獨特的「內心世界」；每個人皆能賦予社會行動及生命的意義，每個人亦皆有不同的價值取向，因而應尊重每個人的價值，非常值得我們進行或實施學校教育時的參考！

科層體制乃法定權威
的典型表現，其特徵
包括「依法行事」、
「專業分工」、「用
人唯才」、「層級體
制」。

法定權威

傳統權威

魅力權威

Unit 2-6
美國華德的思想

034

一、前言

　　美國早期的社會學家華德（L. F. Ward, 1841-1913），素有「美國社會學之父」之稱，也被稱為心理學派的社會學者。他於1883年出版《動態社會學》（*Dynamic Sociology*）一書，第一次正式使用「教育社會學」的概念，並在此書中專章討論教育與社會進步的關係。

　　Ward認為人類社會的最終目的在於增進人類的幸福（happiness），但個人幸福無法由刻意直接追求而獲得，只有在社會進步的情況下，幸福才會自然來臨（楊瑩，2000）。此外，Ward並提出「社會導進論」（Social Telesis），強調應有計畫地藉由教育的力量來「增進智慧」，並「充實知識」的能量，逐步進行社會改造行動，以推動及改進社會的進步。

二、主要思想與教育的關係

　　Ward是屬於古典教育社會學思想家，有關的思想及其對教育的看法，主要在其兩本書中，茲將其分述如下：

（一）動態社會學

　　Ward認為自然進化與社會進化，在本質上並不相同，人類之所以與其他動物不同，即人類能夠駕馭盲目進化的力量，以引導社會走向理想的目標，增進全體人類的幸福，這正是社會導進的基本原理（楊瑩，2000）。Ward認為要促進人類幸福與進步的途徑共有五種，包括「進步」

（progress）、「動力行動」（dynamic action）、「動力思想」（dynamic opinion）、「知識」（knowledge）、「教育」（education）等；在這五個社會歷程中，教育是最重要且最根本的，透過教育的力量，傳播知識，造成動力思想，引發動力行動，形成進步之結果，才能達到幸福的境界（林清江，1983）。

（二）社會導進論

　　Ward認為社會若依自然進化方式，當然緩不濟急，乃提倡「社會導進論」；他和美國杜威（J. Dewey）皆主張「教育乃推動社會進步」的動力（dynamic），才能加速社會的進步。Ward認為政府應善用教育的力量，來提升人民的知識水準，主張推行強迫的普及教育，當人們受教育後便會有知識，有知識後即會提出動態意見，有意見後便能採取動態行動以促進社會進步，並提高人民的幸福與快樂。

　　Ward在「社會導進論」中，曾提出社會進步的四大定律，包括「潛能的差異」（difference of potential）、「創新」（innovation）、「意向」（conation）、「社會導進」（social telesis）等。

三、結論

　　Ward強調人類有足夠的力量，可以控制外在自然力量，而建構完美的社會；更有足夠的力量，去掌握社會勢力，使人類幸福，此種力量便是「社會力量」。

美國社會學家華德
（L. F. Ward, 1841-1913）

動態社會學

……教育社
會學與社會
的進步……

社會的進化

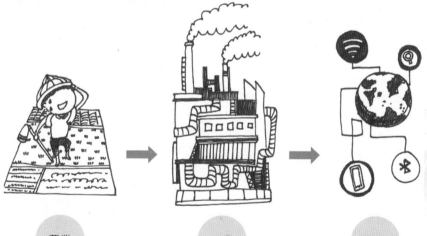

農業　　　　　　　工業　　　　　　　資訊

Unit 2-7
美國帕森斯的思想

一、前言

　　美國的社會學家帕森斯（T. Parsons, 1902-1979），對古典社會學進行重建，強調社會體系中每個人應善盡其角色義務，制度之功能即可充分發揮，社會亦能穩定發展，此種論點被歸類為「結構功能論」的典範之代表。

　　Parsons在研究美國中小學班級體系時，認為學校教育（或班級教學）具有「社會化」與「選擇」的功能，學校教育可以為社會培養共同的價值與信念，及適當工作能力的人才，進而促成社會的統整與發展。

二、主要思想與教育的關係

　　Parsons在晚期的學術生涯發展出AGIL模型的系統理論，此模型最早出現在其出版的「經濟與社會」中，他認為社會係由四個分化的次系統所組成，而此模型可以解決任何的問題，茲將AGIL說明如下：

（一）A（適應，adaptation）

　　即金錢或經濟，指系統如何適應世界，並滿足生存的物質需求，如食物、硬體建築等。

（二）G（目標，goal attainment）

　　即權力，指社會的生產與領導，如政治。但此權力屬系統之物，非個人能擁有，因而與支配無關。

（三）I（整合，integration）

　　即影響力，能秩序維持與穩定，如法律與各種社群機制。

（四）L（維持，latent pattern maintenance and tensionmanagement）

　　即價值承諾，指社會的維繫，如文化、藝術等，提供社會化的結果，主要是學校與教會等。在AGIL中，文化扮演（L）最重要的角色，文化是為社會所有影響的最小輸出，但最大成效。

　　Parsons強調每個社會系統皆可區分成四個格，而每個格又可區分成四個格，如此一直分下去。例如以整個社會的AGIL作用來看，學校則位於L的部分；但若以整個學校的AGIL作用來看，則學校又可分成A（募捐單位與校舍等建築的維持者）、G（教務系統）、I（學校的教官）、L（管理指揮學生的行動）。

三、結論

　　Parsons將系統理論整合進入整體之中，除發展AGIL作用的系統理論外，其最關心的乃是「社會變遷」之問題。他將社會行為（social action）作為社會學的分析單位，並將互相作用的網絡稱為社會體系（social system），當其在分析社會體系的角色行為時，則特別重視價值導向的作為。

　　Parsons透過對社會體系的分析來闡述角色代表的意義，強調個人被社會制度賦予行為的期望，也就是「角色」，當個人發揮角色的功能時，社會就能夠相對地處於穩定發展的狀態。然而，有某些學者批評其理論僅能解釋整合與維持，而無法解釋衝突與變遷，屬於「規範性」的功能論（normative functionalism）。

美國社會學家帕森斯
（T. Parsons, 1902-1979）

經濟與社會

……學校教育具有選擇及社會化……

社會AGIL模型

Parsons提出A（適應）－G（目標）－I（整合）－L（維持）的概念

Unit 2-8
英國伯恩斯坦的思想

038

一、前言

英國的社會學家伯恩斯坦（B. Bernstein, 1924-2000）乃最早研究兒童語言與階級關係的英國思想家（王瑞賢，2003）。他認為家庭是社會化的重要場所，其畢生致力於研究不同社會階層的語言型態，當社會階層（或社會背景）不同時，則所使用的語言類型也不同，因而可能發展出不同的認知結構，進而影響教育成就之關係。

二、主要思想與教育的關係

（一）課程知識的觀點

Bernstein在《階級、符碼與控制》（*Class, Codes and Control*）一書中，以「分類」（classification）和「架構」（fram）的觀念來表示各科目間的界限及課程內容傳遞（transmitting）的自由度限制。他將「教師中心」課程，稱為「聚集型課程」，具有強分類和強架構，課程間的界線較強（嚴謹），屬於分化而獨立的學科，其目的在於維持社會現狀及社會的權力分配。其次，將「學生中心」的課程，稱為「統整型課程」（integrated code），具有弱分類和弱架構，表示學生學習上限制程度的薄弱，即有較高的自由度；換言之，課程間的界線較弱（寬鬆），屬於討論式活動。

Bernstein認為越傳統的社會，知識的分配越集中化，知識的結構傾向分化而獨立，具有明確範圍，彼此不踰越。分科式的課程，透過課程的分化來培養不同階層的人才，評鑑方式常強調知識的記憶。

而統整型課程內容彼此關係密切，挑戰現在的社會現狀，透過課程的統合，能消弭社會階層的界線，主張知識是公有而非私有，其評鑑標準也著重於學生對教材內容的了解。在民主化、多元化的社會，為求社會公平正義、階層流動，學校的課程會逐漸趨向統整式的課程。

（二）語言符碼的觀點

Bernstein把語言類型分為「精密型語言」（elaborated code）及「抑制型語言」（restricted code），分別代表兩種不同的社會結構，也維持兩種不同的社會連帶。前者以中上階層家庭的兒童使用為主，能使用大量的修飾詞彙，並有清楚的邏輯，說話重視明確的、澄清的意義，對個人意向或動機較能深入探索；後者以勞工階層家庭的兒童使用為主，使用的語言內容較為粗糙，簡單拘泥，字彙範圍狹窄，意義表達較不明確，也可能較不符合邏輯。

Bernstein認為兒童使用的語言型態，會影響學校教育的成敗，低階層兒童使用「抑制型」語言；反之，中上階層家庭的兒童受父母影響甚大，語言類型反應出個人所處的階層和文化，經常使用「精密型」語言。

三、結論

從Bernstein的研究與對教育的看法，讓我們理解到不同的社會階級，不但是社會中的次團體，也代表其相對應的獨特次文化，尤其在語言符碼的使用上更代表某種權力的延伸，這些觀念不但改變教育的研究方向，也對教育產生重要的影響。

階級、符碼與控制

英國社會學家伯恩斯坦
（B. Bernstein, 1924-2000）

……將教師中心課程稱為聚集型課程，具有強分類和強架構……

中上階層家庭的
「精密型」語言

低階層家庭使用
「抑制型」語言

Unit 2-9
法國布迪厄的思想

圖解教育社會學

040

一、前言

法國著名社會學家布迪厄（P. Bourdieu, 1930-2002）認為教育和社會階層化之間具有某些關係，擁有豐富文化資本的階級在教育方面也擁有優勢。其認為教育有助於個人提升智識能力，打破社會階層限制。其次，上層階級的經濟優勢，有助提升社會整體教育水準。再者，上階層的經濟資本可透過教育體制轉化為文化資本。

二、主要思想與教育的關係

Bourdieu在《文化生產的場域》一書中提出四種資本的概念，認為資本是一種具有生產力的資源，且與教育具有直接的相關性，茲將其分述如下：

（一）經濟資本（economical capital）

指經濟資源的擁有，如家庭收入的高低；不同的經濟資本具有不同特性，農業經濟資本遵從過去歷年收穫相關的特殊規律；資本主義的經濟資本則要求嚴格的合理化估算，此種資本可立即、直接轉換成錢，而且可以財產權的形式予以制度化。

（二）文化資本（cultural capital）

係指不同社會地位之家庭所擁有的文化資產，係透過家庭承繼和學校教育的方式所獲得的（譚光鼎，2000）。除經濟因素之外，文化資本中的語言、文字、生活習性等，也是造成符應和再製現象的因素；換言之，文化資本具有世代相傳的特性，擁有豐富文化資本階級的家庭，其子女在教育方面比較具有優勢及有利，勞工階級的兒童，較不具有內化的文化資本，而容易導致學習的失敗。

（三）社會資本（social capital）

指社會群體的資源、關係、影響的網絡，如社會的人際關係，個人或群體因有相對穩定及某種程度的制度化互動關係網絡，逐漸累積而形成的資源總和。在某種條件下，此種資本亦可以轉換成經濟資本，且可以崇高頭銜的形式予以制度化。

（四）象徵資本（symbolic capital）

在所有資本形式中最具最抽象的特質，往往因使用的脈絡而有不同的詮釋，如顯著的聲望、地位、權威等。社會上的既得利益者，往往以符號暴力（或象徵暴力）反映在社會生活中。

三、結論

Bourdieu以文化資本論的分析，批判現代化國家教育機會不均等的問題，其文化再製（cultural reproduction）論點，更強調文化資本的分配與再製問題，事實上與社會階級結構的再製相互呼應（譚光鼎，2000）。

文化不利者不僅社經地位不利，在教育過程中，也經常被標記為低學習成就，學校教育也往往成為社會再製的機器！因此，為減少文化再製，學校應針對文化不利學生，給予積極性的差別待遇；規劃辦理親職教育活動，提升家長的文化資本；並提供學生成功的學習動機；教師並應具備反思及實踐多元文化教育的能力。

文化生產的場域

法國社會學家布迪厄
（P. Bourdieu, 1930-2002）

象徵資本

經濟資本

文化資本

社會資本

Unit 2-10
德國哈伯瑪斯的思想

圖解教育社會學

一、前言

哈伯瑪斯（J. Habermas, 1929-）乃德國的社會理論學家，屬於法蘭克福學派批判理論（Frankfurt School of Critical Theory）之激進社會理論的主要代表人物，其與法國的傅柯（Michel Foucault）皆為後現代社會學家的翹楚。Habermas承繼康德的哲學思想，試圖重建「啓蒙」的傳統，提出著名的「溝通行動理論」，並對後現代主義思潮，進行深刻的對話及有力的批判。因此，他認為科學及技術理性思考，已被形成一種意識型態，阻礙人類對基本問題的探索與思考，若能經由批判反省過程，則才能達成人類的解放。

二、主要思想與教育的關係

從法國哲學家笛卡兒（René Descartes）以「理性主義」為基本精神的近代哲學開始，至黑格爾（G. W. F. Hegel）時期，「理性」已成為「絕對」精神（absolute spirit）的不二法門。Habermas認為人類理性的發展，一開始即會自己產生動力，而無法停止理性的發展，只能藉由提升自己的意識來承受之，而此則以比較樂觀的方式，來看待人類的生活世界之發展。

Habermas堅持自啓蒙以來，以「理性」為主體的態度是不變的，但鑑於人類過度追求「工具理性」，而產生「意義」及「自由」失落的異化（alienation）現象，而導致人類喪失自主和反省之能力，因而提出「溝通理性」，以邁向理性社會為目標，希望人類能從扭曲的溝通情境或僵化封閉的意識型態之束縛中獲得解放。

Habermas的理性溝通行動係以語言為工具，並以達成共識為目標，其對教育而言，即應培養學生「溝通及理性論辯」的能力，藉由言語的論辯和溝通，才能激發學生的批判、反省之能力。

Habermas認為眞正的合理性只有在「理想言談情境」（ideal speech situation）中方能實現。而理想言談情境則包括「自由表達的機會」、「行動者的行動與態度之間沒有矛盾」、「公開的溝通且符合社會的規範」、「行動者本身能將語言本身和描述的事件加以區分」、「溝通並非單方面的導因及產物」等，因此，在理想言談情境即所有參與者皆有平等參與對話之機會，無任何不當支配、限制和扭曲的意識型態在其中。

三、結論

Habermas認為現代化是一種歷程，而非結果，因而提出「現代化是未完成的計畫」。在人類社會生活的領域中，由於有「語言」的基本要素，而衍生出「實踐的旨趣」（practicalinterest）。當人們以言詞行動企圖與他人進行成功的溝通時，必須達到「正當性」（rightness）、「眞實性」（truth）、「眞誠性」（truthfulness）、「可理解性」（understand）等四種要求，才能在實際生活中進行，才是具備良好的溝通能力，並達成有效的聲稱（李英明，1986）。

溝通行動理論

德國社會學家哈伯瑪斯
（J. Habermas, 1929-）

……科學及技術
理性思考……
……已被形成一
種意識型態

此種溝通模式的師生關係是立於平等的地位，可以公開地自由表達……

此種溝通模式的師生關係乃是「由上而下」的階層關係……

第 3 章

重要理論篇

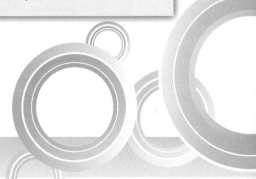

　　教育若沒有理論的引導，則可能會陷於空泛與盲目！自古以來教育社會學家們努力地建立各種理論，即希望提供我們在實施或執行教育任務時，能夠快速、有效的掌握教育情況，以達成教育目的；然而，此或許可能限制我們執行學校教育時的一些作為，不過卻可增加教育實施的穩定性，減少教育社會行動的隨意性，並提高對未來教育的預測性。

Unit 3-1
自殺論（Suicide）

圖解教育社會學

046

一、前言

《自殺論》（*Suicide*）乃古典社會學家之一的法國涂爾幹（Émile Durkheim）於1897年出版的著作，其以功能論觀點對社會的自殺現象進行分析，主張自殺是社會造成的，自殺與社會具有連帶的關係。換言之，探討自殺不應僅從個人層面，僅認為是「遺傳」與「模仿」兩個因素，而應從社會事實加以探究之。自殺雖屬個人現象，但最後促成的因素，卻是外在的社會因素所造成的。

二、自殺的因素

孔子曾說：「我不殺伯仁，伯仁卻因我而死。」涂爾幹認為凡由受害者消極或積極的行為，直接或間接所造成的，受害者本身也知道會造成死亡之結果，即是自殺。雖然學者及普羅大眾對自殺行為及因素皆有不同的解讀，但其原因皆以生理、心理兩大因素為主。不過，Durkheim從社會學角度來研究自殺問題，發現無論是經濟繁榮或衰弱時，自殺率皆會上升，為自殺因素提供更完整及經典的研究方向。

涂爾幹主張將自殺視為常態，屬於一種客觀的社會事實，自殺不僅受到個人的心理或經濟壓力，與社會亦具有複雜的連帶關係。換言之，自殺現象與「社會整合」存在著某種連帶的關係。

三、自殺的類型

涂爾幹運用統計分析歐洲各國自殺的數據及當代學者的研究，發現某些社群的自殺率比較高，如新教徒自殺率遠高於天主教徒和猶太教徒，即自殺與「集體意識」有關，並將自殺的類型分類如下：

(一) 利己型（egoistic或自我型）自殺

此類的自殺係考慮個人利益而為之，以自殺方式來解決其個人的痛苦，即以個人利益至上，社會利益次之。

(二) 利他型（altruistic）自殺

此類的自殺與集體意識有關，以社會利益至上，個人利益次之，即自殺者認為其自殺能獲得社會的讚譽或是對其個人國家是有利的，如第二次世界大戰時的日本神風特攻隊。

(三) 脫序型（anomic）自殺

此類的自殺係因社會被某種重大危機侵襲或產生極劇的社會變遷時，即自殺者喪失社會團體的歸屬感，或因人類的活動缺乏管制而導致自殺者的苦難。

(四) 宿命型（fatalistic）自殺

此類的自殺者被置於極度受禁錮的情境中，而感覺即使付出任何努力也無法控制自己的生命，即自殺者沒有自我決定的能力與權力，一切聽天由命。

四、結論

涂爾幹的自殺論觀點，適足以提供學校教育處理此問題時的另類思考。自殺是個人的生理與心理因素所造成的，但人是社會的動物，整合於群體中，外在的社會環境因素，即社群結合的集體意識之強制力量，也深深地影響個人自殺的動機、類型與範圍，我們更不應忽視此一層面的探究。

公司老闆過度要求業績，
而促使員工壓力過大產生
自殺想法⋯⋯

Durkheim理論 自殺的類型	利己型 （egoistic）	個人利益至上 社會利益次之
	利他型 （altruistic）	社會利益至上 個人利益次之
	脫序型 （anomic）	自殺者喪失 社會團體的歸屬感
	宿命型 （fatalistic）	自殺者沒有自我 決定能力與權力

同儕團體的長期霸凌，也會
使個人產生自殺想法⋯⋯

Unit 3-2
科層體制理論（Bureaucracy）

一、前言

德國韋伯（Max Weber, 1864-1920）認為權威最簡單的定義，即「正當權的權力」。其提出對公民營組織運作影響非常深遠的「科層體制」（Bureaucracy）理論，又稱官僚體制，係以權威為其基礎，並輔以理性與嚴密的規章制度運作。

二、何謂科層體制

Weber從歷史進化論的觀點，將權力的演變分成「傳統權威」（traditional authority）、「魅力權威」（charisma authority）、「法定權威」（legal authority）等三個階段；他認為此三個階段以法定權威最穩定，不會產生「人存政舉，人亡政息」之現象。換言之，Weber即強調任何組織的例行公事，只要依法行事，不感情用事，則組織必能做出正確合理的決定，達成「效率」和「合理性」的組織目標（黃昆輝、張德銳，2000）。

三、科層體制的特性

Weber所提出的科層體制理論，係屬於一種理想形式的概念，有別於「系統思考」、「重視非正式組織」、「重人情味」、「專業自主」、「人性化」等特性之理論，茲將其主要特性說明如下：

㈠ 權威階層（hierarchy of authority）

組織具金字塔型態，分層負責，下層對上層負責，服從上層命令，受上層監督。

㈡ 依法行事（rules and regulations）

組織成員依據一致性的抽象法規系統運作，即處理公事皆需依法。

㈢ 專業分工（specialization and division of labor）

即組織中所有的工作，均應有專職，用人唯才（expert training），人員專任（full-time employment）。

㈣ 不講人情（impersonal orientation）

在法規之前，任何行政決定，皆應避免情感衝動或個人好惡。

㈤ 書面案卷（files and records）

即組織的所有活動、決定或法令等，均應書面化並以文字記錄。

㈥ 支薪用人（salaried personnel）

即組織編制內人員領有一定的薪水，可以依年資、成就而升遷。

㈦ 資源控制（control of resources）

即組織的資源一旦自外在環境取得之後，資源的控制與分配便操在組織的行政與管理人員的手中。

四、結論

科層體制的發展係受社會學的影響，其主張依法行政，強調正式組織的功能，但卻忽略反面功能可能帶來的影響。孟子曾曰：「徒善不足以為政，徒法不足以自行。」尤其當面對具有特殊專業性的學校教育組織時，勿拘泥於繁文縟節的科層結構而食古不化，應體察當前的教育時勢與現況，彈性調整因應，減少負面的影響並積極提升正向之功能，才能發揮學校教育的效率與效能。

德國Weber 科層體制 的特性	權威階層（hierarchy of authority）	金字塔型態組織，分層負責，下層對上層負責
	依法行事（rules and regulations）	依據抽象法規系統，處理公事皆需依法
	專業分工（specialization and division of labor）	組織成員，均應專職，用人唯才，人員專任
	不講人情（impersonal orientation）	任何行政決定，應避免情感衝動或個人好惡
	書面案卷（files and records）	活動、決定或法令等，均應書面化並以文字記錄
	支薪用人（salaried personnel）	編制內人員有支薪水，可以依年資、成就而升遷
	資源控制（control of resources）	資源控制與分配，操在行政與管理人員手中

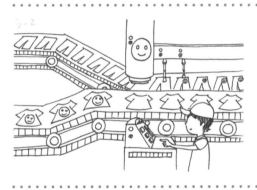

工廠使用機器，可有效率地大量生產產品……

手工雖無法有效率地大量生產，但可客製化製作有特色的產品……

Unit 3-3
批判理論（Critical Theory）

一、前言

德國哲學家尼采（Friedrich Nietzsche，1884-1900）曾說：「偉大眞理是供人批判的，並非供人膜拜的！」批判理論又稱批判社會學（critical sociology），主要是由德國法蘭克福學派（Frankfurt School）發展而來，其興起於20世紀的30年代，至60年代隨歐、美的新左派青年學生運動而盛極一時，到70年代起影響力稍減，但迄今仍有相當程度的影響力（張芬芬，2000）。

二、批判理論在批判什麼？

「批判理論」係基於「一個更好社會的想法」，屬於德國的顯學，此一詞係由德國的霍克海默（Max Horkheimer, 1895-1973）於1937年首次提出；主要代表人物包括霍克海默、阿多諾（Theodor Wiesengrund Adorno,1903-1969）、馬庫色（Herbert Marcuse,1898-1979）、弗洛姆（Erich Fromm, 1900-1980）、史密特（Alfred Schmidt,1930-　）與哈伯瑪斯（Jurgen Habermas, 1929-　）等人。

批判理論旨在進行啓蒙，係以質疑、反省、解放與重建的歷程，揭露資本主義潛藏的意識型態、權力或利益所宰制的社會階級不平等之現象，以喚起人類主體的自覺，及反抗的意識與能力，而獲得自由及解放。此派理論主張將馬克思主義黑格爾化，並融入佛洛依德的學說，又稱爲新馬克思主義（New Marxism）。

批判理論以否定和排斥實證主義及其研究方法，揭露個人或團體所眞正獲得的「利益」，特別強調是否受到「權力」或「意識

型態」的宰制，並對科學的「工具理性」與「科技理性」進行反思及強烈的批判，以促使個人或團體能眞正獲得解放。

因此，從理論與方法而言，其反對「實證主義」（positivism），借用Marx的「異化」（alienation）與György Lukacs的「物化」（reification）概念，批判及否定資本主義社會及其意識型態（張芬芬，2000）。

三、我們為何要批判？

法國的傅柯（Michel Foucault）曾說：「事實即權力所建構！」換言之，掌權者即有權解釋「事物的眞相」（matters of fact）；即「科學事實」或「科學理性」並不能成爲爭議的裁判者；相反地，戰勝者的論述就是「科學事實」，戰勝者的遊戲規則就是「科學理性」（林崇熙，1998）。此外，當我們接受某些事實後，這些事即會變成眞的；並非因爲這些事是眞實的，我們就接受它。

因此，對科學或社會進行批判的理解與思維，即以批判的態度看待我們的社會與科學，理性地思考「實然」和「應然」之間的辯證關係，破除假意識（false consciousness），喚醒群眾的眞意識，以邁向合理而有秩序的一個更好的社會！

不過，如果貿然誇大或過分強調現實社會中的矛盾、衝突與對立，則有可能陷入獨斷及危險之虞；其次，批判的主觀性思辨之論述，若多於實證性客觀證據時，則亦有可能流於主觀專斷的危險而不可不謹愼之。

Unit 3-4
符號互動論（Symbolic Interactionlism）

圖解教育社會學

一、前言

「人是社會的動物」，社會係由人所組成，個人自我與社會無法分開，每個人的觀念與思想皆是經由與他人互動學習而來，個人在社會互動的過程中，彼此相互的學習、創造並分享各種價值與觀點，進而相互影響行為的產生。易言之，客觀世界雖對人類產生深遠的影響，但人類的心靈及自我對客觀世界的互動，與主觀詮釋之重要性亦不可忽略。

二、何謂符號互動論？

符號互動論（Symbolic Interactionism）又稱象徵互動論，以米德（G. H. Mead, 1863-1931）、顧里（Ch. Cooley, 1864-1929）、湯瑪斯（W. Thomas, 1863-1947）、派克（R. Park, 1864-1944）和布魯默（H. G. Blumer, 1900-1987）等人為代表，此理論受實用主義（Pragmatism）、現象學（Phenomenology）、行為主義（Behaviorism）及達爾文（C. Darwin）學說影響甚大（胡夢鯨，2000）。

人與人之間的互動皆透過語言、文字、手勢、動作、表情等而能表情達意，如師生對於班級情境的界定，乃透過彼此的協商（negotiation），即屬符號互動論的範疇。符號互動論者以「心靈」（mind）、「自我」（self）、「互動」（interaction）及「社會」（society）為其重要的核心概念。人類對外在世界之所以擁有主動性，而非被動地接受環境的刺激與反應，係因人類有詮釋與定義的能力，及有意義的符號則能決定人們的行動。

三、符號互動論的假定

符號互動論提出有別於傳統對個人與社會互動及社會結構的不同看法（方永泉，2000），迥異於功能論所強調的結構、秩序的鉅觀理論，其基本假定包括如下：

(一) 在社會情境與社會意義的建構上，人應該是具「主動性」的行動者。

(二) 社會互動係由個人追求目標之行動所交織而成的動態過程，因此，意義即產生於人與人之間的社會互動過程中。

(三) 社會結構應該是動態的，而且在不斷改變；換言之，人與人之間互動產生的意義，也可以不斷地改變。

四、結論

符號互動論有別於和諧論與衝突論的鉅觀理論，從微觀角度來探究人類社會行為互動關係，：有名的理論包括湯姆斯（W. I. Thomas）的情境定義、貝克（H. S. Becker）的標籤論、高夫曼（E.Goffman）的戲劇論、羅聖索爾（R. Rosenthal）與傑柯布森（L. Jacobson）的比馬龍效應、顧里（C. Cooley）的鏡中自我（looking-glass self）理論。

不過，由於符號互動論過於強調自我主觀意識，忽略潛意識與情緒在互動過程中的影響力，及漠視大規模的社會結構對互動過程的影響，所使用的一些重要概念往往是模糊不清的，而引起不少的批評聲浪。

人與人之間的互動皆透過語言、文字、手勢、動作、表情等而能表情達意。

心靈	自我
互動	社會

Unit 3-5
戲劇理論（Dramaturgy）

圖解教育社會學

一、前言

「人生如戲，戲如人生！」英國的莎士比亞（William Shakespeare）曾說：「全世界即是一個舞台，所有的人皆是演員，有下場的時候，也有上場的時候，每個人的一生中皆會扮演好幾種角色。」即是對此最佳的詮釋！

美國的社會學家高夫曼（E. Goffman）用戲劇概念來詮釋生活，將社會比喻成舞台，社會成員即是演員，社會行為即是社會表演，類比戲劇的「多元自我觀」作為戲劇理論基礎，主張人際互動形式的最重要之意義，乃是人對彼此的預期所賦予的。

二、如何印象整飾

高夫曼認為一般人常會表現受社會肯定的行為，而將令人不悅的部分隱藏起來，以呈現完美的形象，此即「印象整飾」（impression management）。通常使用以下的幾種方法，茲將其簡要說明之：

(一)第一印象（first impression）

指對一個初見面者最先的若干心理知覺，是人際交往中非常重要的起點或基礎（王淑俐，2000）。第一印象的創造，代表表演者是否能勝任其角色的重要關鍵。

(二)無意姿態（unmeant gestures）

即表演者在舞台上出現與原意不相符合的任何姿態，使得與其力圖呈現給觀眾的印象表現產生互相矛盾；忽略無意中表現出的無意姿態，以維持原先形象。Goffman將其分成身體失控、情緒失控及導演失控等三種。

(三)理想化（idealization）

表演者欲掩飾那些與社會公認的價值、規範、標準不一致的行動時，而努力表現符合社會一致認可的行為。隱瞞某些事實以保持理想形象，包括消極的理想化、祕密消費，而任何行業皆存在著某種程度的虛偽、偽裝與矯情，如《後宮甄嬛傳》中的台詞：「賤人就是矯情」。

(四)神祕化（mystification）

即刻意與他人保持一定的距離，保持深奧莫測，而使他人對其產生崇敬、受人景仰的偶像地位。社會自我就像一枚硬幣，一面刻著敬畏，另一面刻著羞愧（許殷宏，2006），如台語：「假鬼假怪」！

(五)識相（tact）

指一般人懂得說話看臉色，辦事分情勢。如表演者出現無意識的失誤行為時，觀眾多選擇視而不見，以維持十分虛假的印象。

三、結論

高夫曼的戲劇理論，以前台（frontstage）與後台（backstage）來闡釋人際之間互動的過程，若無前台，則社會秩序將出問題；若無後台，則社會人際之間的生活將會太沉重。

高夫曼的戲劇理論常被認為過度的「犬儒主義」（cynicism）或憤世嫉俗，彷彿我們人與人之間即生活在一個非常虛情假意的世界之中，而無任何真心誠意。其實，Goffman的理論精確地掌握社會行為的幽暗、隱諱之潛規則，而此正符應西諺中的「偽善，是邪惡對於美德的致敬」。

人生如戲！戲如人生！

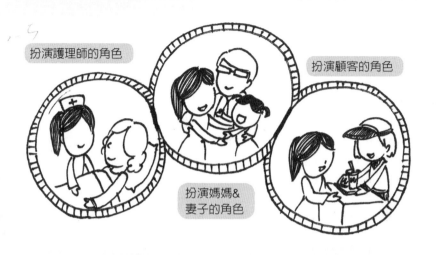

扮演護理師的角色

扮演顧客的角色

扮演媽媽&
妻子的角色

▶第一印象

▶無意姿態

▶識相

印象
整飾

▶理想化

▶神祕化

Unit 3-6
全球化理論（Globalization）

圖解教育社會學

056

一、前言

20世紀後期，拜知識、資訊、科技之進步及交通的發達，促使各國彼此在政治、經濟、社會與文化等層面，不斷增加相互關聯與依存關係，而使「全球互賴」和「全球意識」加速成形，導致出現世界一體化之全球化（globalization）現象，如麥當勞化（McDonaldization）所帶來的世界文化之同質化或制式化現象。

而全球化常爭議之焦點，即其是否為世界各國帶來經濟增長？支持者認為開放貿易的國家比封閉貿易的國家，經濟增長將會更快；而反對者則不以為然地認為，全球經濟一體化將會為世界各國帶來較大的經濟波動和金融市場潛在的危機，如「1997年東亞金融危機」、「美國2008年金融大海嘯」、「2009年希臘國債危機」、「2016年英國脫歐公投」等。

二、何謂全球化

全球化乃是一個整合過程與整體互動的概念，具「世界成為一個整體」的意識，世界形成一個單一的全球場域（global field）。從全球化的歷史觀點而言，全球化的發展並非不可逆。全球化的主要推動力量，乃是由經濟、交通和資訊科技之進步所引發，然而，全球化的發展速度及方向，卻受制於政治和文化。

三、全球化理論

全球化理論眾說紛紜，大致可分成以下三派理論，茲將其扼要說明如下：

(一) 超全球主義論

肯定全球化乃是史無前例且不可逆轉，其發展有其邏輯和推動力，不受個人、團體、國家的干預。全球化不會導致無國界，全球化是政治、經濟、文化的日益國際化，但極端且誇張的跨越國界之詮釋是不切實際的。

(二) 懷疑論

質疑全球化乃言過其實，是一種迷思！當前「全球化」僅只侷限於某些地區。此派認為全球化並非史無前例，更遑論不可逆轉，其發展與歷史上許多的國際活動和跨國界活動相似；其次，國家政治權力在現階段仍然繼續擔當重要角色，影響力仍凌駕經濟全球化之上，政府仍採取規範或干預經濟活動。

(三) 轉型主義論

肯定全球化所帶來的各種新轉變，但卻認為全球化並非不可逆，而是受不同社會群體和政治組織所左右。全球化重新建構各國政府的權力，國家會受到區域或他國的牽動，如歐盟、WTO、IMF、WB等均會影響國家決策。

四、結論

全球化的自由貿易、資本流動、降低勞動成本、國家預算支出減少、提高競爭力，標榜將創造出民主的世界社會、更好的生產力、高的經濟成長與生活水準等之美麗憧憬相當令人渴望。

全球化似乎無法抗拒，各國政治、經濟、文化等，亦逐漸邁向國際化、自由化、民營化之趨勢，且WTO、IMF、WB等國際性組織，對各國政府決策的影響也逐漸加深之中。然而，其所衍生的貧富不均、環境破壞、全球暖化、勞資剝削、血汗工廠、恐怖主義、非法移民等問題，也讓反全球化者四處高舉抗議的大旗。

全球化仍是一個爭議的議題，
有支持、反對及中立（轉化）

非常弔詭的！至今全
球化的結果是帶來財
富或苦了農民呢？

Unit 3-7
認同理論（Identity Theory）

圖解教育社會學

058

一、前言

「我是誰？」、「我來自哪裡？」在古希臘的阿波羅神廟裡即有一句箴言：「認識汝身！」即指出認識自己本身的必要性及重要性。「認同」乃一種心理狀態的歷程，也是人格發展中相當重要的過程，其涉及差異、身分、認同等層面，尤其在台灣及西方的歐美社會中，近幾十年來已逐漸成為相當熱門的議題之一。

二、認同的內涵

在心理學中，所謂「認同」（identity）係指個體在心理上主觀的「同化」（assimilation）或「內化」（internalization）之過程（鄧毓浩，2000）。認同可以單選，也可以複選，因而有雙重或多重的層面，其邊界比較不明顯，也似乎與官方主體的客觀認定有所差異。而人不但可能與某些人或群體有歸屬感，亦與某些人或群體有排斥感，因而會產生刻板印象（stereotypes）、偏見（prejudice）或歧視（discrimination）等問題；此種區別我群（in-group）或他群（out-group）的關係，在性別、社會、文化、國家／民族、種族／族群、階級、政治等層面，則展現得相當明顯。

三、認同的類型

認同即對他人或群體的歸屬感或排斥感，其類型相當多且遍及各個層面，茲舉數例並說明如下：

(一) 自我認同（ego）

係指個體對自我價值的一種評量，通常來自於日常生活中的自我印象與經驗，如喜歡或討厭自己。

(二) 性別認同（gender）

指個體對自我所歸屬性別的自我知覺，幼兒期的性別認同於初生後18個月才能建立，到青春期才形成成人的性別認同，過了青春期則性別認同就不會再改變。

(三) 社會認同（social）

即個體意識到其是屬於某個特定的社會群體，也認識到作為群體成員帶給他的情感、意義與價值；個體不但會追求「差異化」，也會尋求「同質性」，如追逐流行音樂、崇拜偶像明星等。

(四) 文化認同（culture）

係指個體受其所屬的群體或文化的影響，而對此群體產生共有的獨特「記憶」之集體感受或認同感。若個體受其社會文化影響，而養成某種獨特價值觀和行為模式的過程，則稱為「濡化」（enculturation）。

(五) 國家／民族認同（nation）

係指人民對於國家的歸屬感或認同感，此並非天生即有的，而是後天社會所建構的。現代國家並非以種族、文化、語言或宗教等作為建立的基礎，而係以共同命運和共同利益信念為根基，此即所謂的國家認同。

(六) 種族／族群認同（race）

係指人民對種族的歸屬感或認同感，此並非天生即有的，亦是後天社會所建構的，如「我生為法國人是偶然的，但法蘭西是永恆的」！

(七) 政治認同（politics）

係指個體的「政治自我」（political self）的一種表現，人是政治動物，必尋求其屬於哪個政治團體，以對該政治團體盡義務，以換取個人生命財產之安全與保障，如國民黨與民進黨之區分。

我是誰？

我來自哪裡？

國家／民族認同

Unit 3-8
人力資本論（Human Capital Theory）

圖解教育社會學

一、前言

人才是社會最大的資產，也是企業長期競爭力、績效和永續經營的最關鍵因素，而培育人才則是教育最重要與最核心的工作！從人力資本論角度而言，當教育的投資越多，則個人所學得與經濟生產有關的知能或人力資本越高，則生產效率也會相對地提高，產品的附加價值也越大，相對地其所獲得的報酬也就越多。

譬如某甲與某乙兩位教師皆同樣在小學任教，且皆擔任同一年級但不同班的導師，在任教時數皆一樣的情況之下，某甲大學畢業起薪190元，某乙碩士畢業起薪245元，此種同工不同酬之情況，即符合人力資本論的觀點。又如企業開辦員工進修專班，對勞動者質與量的投資，可促進生產力並提升勞動者的素質。

二、人力資本論的內涵

對企業而言，員工是「資產」還是「成本」？如何提升人才素質，讓人才能「適才適所」，發揮最大的經濟效益，乃是社會各行各業引頸期盼的目標。素有「人力資本之父」之稱的美國蘇茲（T. W. Schultz）於1960年時，從新古典經濟學的角度，最先有系統性地論述「人力資本論」（human capital theory），強調教育具有提高人力素質的功能，可以視為一種投資，將人力視為一種資本，和土地、金錢一樣可投注於經濟生產。換言之，人力資源乃一切資源中最主要的關鍵，人力資本論即經濟學的核心問題，因此，接受教育不僅是一種消費，也是一種投資。當一個人在教育的投資越大，則教育程度也越高，不但工作效率也越高，相對的生產貢獻也越大，所獲得薪資之報酬也就越多。

美國的貝克（G. S. Becker）也於1964年出版《人力資本》（Human Capital）一書，亦對人力資本議題提出其個人的看法，他突破傳統以物質為主的資本論之束縛，將資本分成「人力資本」（human capital）和「物質資本」（physical capital），並分析教育的投資報酬率，主張人力資本與物質資本皆同等重要。

三、結論

由此可知，人力資本係指對人的投資，有別於對工廠的機器或設備所進行的生產性投資。人力資本論者強調學校的正式教育、職業訓練及成人教育等，皆有助提升人的能力，而可視為一種投資，如同投資於物質性資本的土地、廠房與機器設備等而獲得利潤一樣。因此，社會企業若要永續經營與發展，應將人才當成資產來管理，不應將其視為只是消耗人才的價值，而是要「經營」這份資產，為資產創造價值。人才經由其個人的智慧與能力，可知道自己是否全力以赴及發揮創意，並能自主地判斷、發現及解決問題！

然而，近幾十年來在高等教育的擴張發展之下，高學歷是否等同高報酬？高學歷是否即擁有高能力？高學歷是否即代表高失業或高就業？等現象逐一浮現，使得此理論的正當性或適當性也不斷令人產生質疑與挑戰！

美國蘇茲（T. W. Schultz）

Schultz從新古典經濟學的角度，論述「人力資本論」，強調教育具提高人力素質的功能，可視為一種投資，將人力視為一種資本，和土地、金錢一樣可投注於經濟生產。

美國貝克（G. S. Becker）

Becker在《人力資本》（*Human Capital*）中對人力資本提出看法，他突破傳統以物質為主的資本論之束縛，將資本分成人力資本和物質資本，並分析教育投資報酬率，主張兩者皆同等重要。

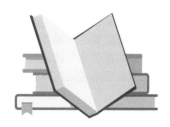

Unit 3-9
社會再製論（Social Reproduction）

圖解教育社會學

一、前言

「我們的社會是公平的嗎？」、「學校教育也是公平的嗎？」美國的Bowles與Gintis（1976）從衝突論的觀點，認為美國學校教育並不符合「功績主義」的理念，並非作為促進社會正義、公平的改革力量，強烈批判學校教育是再製社會階層的工具，及維持資本主義社會不平等的關係。換言之，學校教育受功績主義的影響，直接或間接地淪為一種不公平的「地位分配」之機制！教育係為資本主義而存在！資本主義、教育、社會的關係相符應！教育試圖為社會階級的不平等尋找合理的藉口而已！

062

二、何謂社會再製論

在教育社會學中，有關「再製」（reproduction）、「抗拒」（resistance）等概念，皆出自「衝突理論」，主要批判現代教育制度是否受到資本主義的宰制或再製資本主義經濟制度之生產條件，而達成資本主義階級統治之目的。此理論強調資本主義是支配當代工業發達社會的統治霸權，此霸權運用學校教育教導資本主義的意識型態，以訓練符合資本主義經濟生產所需的專業知能，使資本主義社會型態取得正當性，且不斷地再製，以維持資本主義的統治霸權（譚光鼎，2000）。

Bowles和Gintis（1976）指出，學校教育即具有「再製」社會階層的功能，乃維持並增強現存社會與經濟秩序的社會制度之一。學校藉由教育過程，培養學生功績主義的意識型態，使人相信個人的社會階層與職業地位的不平等，乃能力差異所造成的；並

透過學校教育過程，來塑造學生服從的「勞工意識」，以維持代間社會階層再製的現象。

提出社會再製的學者頗多，從阿圖塞（L. Althusser）和傅科（M. Foucault）等人的論述中，可發現社會再製與意識型態、權力及知識之間具有相當微妙之關係。譚光鼎（1998）指出，意識型態存在社會的結構中，主宰個人與群體的理念與行動，形成一種支配的權威，並成為國家執行階級統治的工具。在當代的工業社會，資本家的價值觀、道德標準與世界觀，直接或間接地變成統治階級的意識型態時，即充分反映著資本主義的霸權地位，而形成社會階級的權力與支配關係。而此則形成「權力」即「階級統治」，「知識」即「意識型態」，「教育」即「再製」社會權力關係。

三、社會再製的批判

在學校中，某些勞工階級的青少年不願意服從學校所傳遞的主流價值，在他們之間存在著非正式團體與「反學校的文化」，試圖從正面抗拒主流社會文化與意識型態對他們的宰制。然而，他們這樣抗拒的結果，卻無助於他們跳脫原有社會階級的桎梏，日後仍然只能取得勞工階級的工作。

儘管社會再製理論的看法相當令人震撼，但其衍生的爭議仍然頗多，某些評論者甚至認為此理論過於簡化、偏激、悲觀與機械化，且未能從微觀角度，深入學校日常生活的次級文化或社經地位之差異去驗證此一假設。

Unit 3-10
社會課程統整取向

圖解教育社會學

064

一、前言

時代不斷地在改變，社會也不斷地在變遷，培養學生適應未來社會，已成為各國教育改革的重要議題。然而，學校要如何教學生，要教什麼內容，才能滿足學生的學習需求，並適合時代發展的要求呢？

不同的課程觀，除反應官方不同的意識型態外，也培養出學生不同的能力。如兒童中心的課程，雖易引起學生的學習興趣，卻忽略社會發展之需求；美國Bobbit的科學化課程，以成人中心思維，強調效率與效果，卻無法滿足學生的學習需求；以人文主義為核心的課程，重視傳統文化知識與價值，具社會保守主義的色彩，無法跳脫傳統束縛，也缺乏培養學生的突破與創新之能力！

二、如何統整社會課程

美國的Banks（1909）因應多元文化社會發展，在社會課程方面提出四個統整取向，分別是「貢獻取向」（contribution approach）、「附加取向」（additive approach）、「轉化取向」（transformation approach）、「社會行動取向」（social action approach）等，茲將其扼要說明如下：

㈠ 貢獻取向

即在課程中表彰某些少數特定的族群中的英雄人物之事蹟，如在奧運時，介紹阿美族的「飲酒歡樂歌」被選為奧運主題曲背景的過程。

㈡ 附加取向

此階段乃課程發展的第二階段，在不改變既存的課程結構之下，添加某一特定族群的鄉土文化內容，把民族有關的內容、機會、主題和觀點納入課程之中。如邀請新住民學生的家長到校，將其本國的文化風土民情分享給同學，或請家長準備異國風情食物請同學品嘗，以增加同學對異國文化的認識與了解。

㈢ 轉化取向

此階段為課程發展的第三階段，改變既有的課程結構，允許不同族群、宗教團體融入學校課程之中，學習其固有的風俗習性，且從不同文化、族群的角色來建構自己的概念與觀點。如教師於課程中播放正、反兩方論辯的影片，並要求學生從贊成與反對者的立場思考同性婚姻的議題。

㈣ 社會行動取向

即引導學生對重要的議題做決定並採取行動解決問題，以有效培養學生的批判思考與問題解決之能力。如在課堂討論中發現，道路的名稱常與地方的歷史文化無關，如各地皆有「中正路」、「中山路」等，於是請學生分組蒐集資料，選出與地方特色相關的地名，並向相關單位建議更名。

三、結論

社會課程統整取向希望課程的內容與活動，進行橫向連結統合，協助學生將知識經驗的原理原則或概念關聯起來，並能實際應用在社會及增加學習的效率與應用能力，以避免學習分割的狀態。而以問題導向的學習（Problem-Based Learning, PBL）之課程，以每組5-7人為小組進行討論，學生輪流扮演主席及記錄，並佐以自我查詢相關資料，於課堂中分享知識，進行團隊合作演練，達到自我學習、溝通表達能力及團隊合作之目標，並能獲得統整的知識、經驗與能力。

貢獻取向

英國的牛頓
發現萬有引力定律

愛因斯坦
發明相對論定論

國父孫中山
創建中華民國

附加取向

在既存課程下，添加某一特定族群的文化內容

第 **4** 章

學校教育篇

　　學校是社會的縮影，學校教育目的即在培養學生適應未來社會之能力，滿足社會未來發展的需求，甚至培養學生改造社會的意識，而此亦符合教育改革的趨勢與重要課題，更是教育改革必須落實的基本原則。

　　社會發展應以教育為基石，教育實施更應以社會為導向，學校應教導學生學習社會相關議題的知識、技能和情意，以提升學生將來面對社會議題的批判思考及解決問題的能力。

Unit 4-1
文化內涵與特性

068

一、前言

　　學校是由教師、學生、行政人員、家長、社區所組成的，屬於社會中的次級團體，負有社會責任的功能及其特殊的文化體系。學校文化是一種社會學的概念，深深反映學校成員的共同心理特質、價值與行為，對學校中的教師、學生等成員也具有相當的規範性，對學校文化與校園倫理影響頗深。

　　從相關研究指出，學校文化對學校教育或多或少皆具有直接與間接、消極與積極之影響，因而重塑學校文化的呼聲，在現今教育改革潮流下不斷地被提出。

二、學校文化的內涵

　　學校文化（school culture）又稱「校園文化」，乃學校發展過程中，組織成員所逐漸形成及共享的基本假設與信念，其對學校教育的價值體系和行為模式之影響甚遠。大致而言，其內含包括：1.學校行政文化；2.教師文化；3.學生文化；4.社區文化；5.學校物質文化；6.學校制度文化。

　　學校文化反映學校所在社區及學生的特質，會形成每所學校特有的價值、態度與行為規範，其對於學校發展具有正、反面之功能，學校文化發展是動態的，也會不斷地改變，不同學校所具有的文化類型，其差異性也很大。

三、學校文化的特性

　　林清江（1981）根據華勒（W. Waller）於1932年出版的《教學社會學》（*The Sociology of Teaching*）的概念指出，學校文化的特性大致包括下列五種：

(一) 學校文化屬於次級文化：學校文化一方面反映大社會的文化，另一方面則又有其獨特性，如學校成員的共同心理特質、價值與行為等。

(二) 學校文化也屬於綜合性文化：包括世代之間（兩代）的文化和校內、校外的文化，如「青少年次級文化」反映學生的特質與價值觀。

(三) 學校文化是對立與統整互見的文化：師生之間的價值與行為，可能並不一致；在交互作用中，乃經常出現對立與統整的現象。

(四) 學校文化兼具積極與消極功能：教師對學校文化的主要職責乃在盡力抑制消極功能，並促進積極功能。

(五) 學校文化是一種有意安排或引導的文化：學校文化有些是自然形成，有些是人為安排的，兩者不一定完全符合教育的需要；無論學校的物質文化、制度文化或心理文化，都可改變或引導其發展方向。

四、結論

　　從結構功能論（structural functionalism）的觀點，學校教育主要具有「社會化」及「選擇」等兩種功能，但學校文化對於學校教育及組織發展也具有重大之影響。而對結構鬆散學校而言，在缺乏共同規範、缺少溝通及討論的文化，學校很難求新求變；對學習型組織學校而言，將改變視為共同學習的規範與文化，重視學生與社區的需求，因而學校能不斷創新與突破。

學校有形與無形的文化

069

學校有形的建築物,是有意安排的,也扮演導引學校文化的功能!

教師的文化,對學校文化扮演抑制消極與促進積極的功能!

學生獨特的次級文化,也深深影響學校文化的發展!

Unit 4-2
次文化及反文化

一、前言

　　學生次文化（subculture）反映學生的特質與價值觀，對於學校文化與校園倫理影響也相當深遠。學生次文化是屬於同齡、同質的次文化，也是學校文化的附屬文化，更是構成潛在課程的重要內容。學生的次文化，並非皆是背離知識成就的「反智主義」（anti-intellectualism）文化。學生文化可能是教學的阻力，亦可能是助力；教師若能善加引導與運用，必然有助於達成教學目標。

二、學生的次文化

　　《社會學辭典》指出，次文化是指某一文化中部分少數人或社會裡的次級團體（subgroup）所共同具有並積極參與的信仰、價值和規範系統（周業謙、周光淦譯，1998）。次文化相對整體環境的另外文化，通常會在社會團體中，表現出特殊行為模式。次文化係在主流文化之下，衍生出來的獨特與新興的次文化，會對主流文化造成衝擊。

　　次文化即相對於主流文化，通常可能衍生出兩種情況，其一即產生積極改進的效果；其二則造成消極的反抗或抗拒之情形。一般青少年常為滿足其生理與心理之需求，而發展或模仿屬於他們的文化，則稱為「青少年次文化」。其特徵諸如「崇拜偶像」、「成群結黨」、「藥物濫用」、「偏差行為」、「幻想虛擬」、「暗語文化」、「愛現文化」、「速成文化」等。

三、學生的反文化

　　反文化（counter-culture）乃屬次文化之一，又稱「反主流文化」、「逆主流文化」、「非主流文化」。《社會學辭典》指出，其生活方式、信念和價值觀與主要文化不同，且可能對主要文化提出挑戰和對立（周業謙、周光淦譯，1998）。

　　無論在教育或社會中，長久以來受到功能論的影響，學校教育經常被視為傳遞社會整體文化，協助學生社會化，並促進社會文化的變遷。然而，從再製理論觀點，卻質疑學校所扮演的功能，認為學校只能維持社會不平等，形成社會階級結構的再製或複製。

　　許多研究皆將學生的「反抗」視為一種偏差行為。然而，Willis（1972）指出，反抗學校文化的行為，不應只將學生行為作病態解釋；從另一個角度來看，偏差行為的產生，往往也反映學校組織制度本身的緊張與矛盾之現象。

四、結論

　　高登（C. Gordon）和柯爾曼（J. Coleman）於1950年代的研究指出，學生在校的學業表現並非其獲得社會地位的指標，而男生的運動表現與女生的人緣，才是社會地位獲得的重要原因。此現象即屬於典型的「反智主義」文化。

　　「水可載舟，亦可覆舟！」學生的次文化或反文化，皆有其正向價值與反向之衝擊，學校或教師應正向來看待這些屬於學生的文化，並妥善地加以因勢利導，才能成為學校教育或教師教學之助力。

1 學生「崇拜偶像」、「成群結黨」的行為，常為滿足其生理與心理需求，而發展或模仿！

2 學生的偏差行為，除反映反抗文化的行為外，也反映學校本身的緊張與矛盾現象。

3 學生次文化反映學生的特質與價值觀，對於學校文化與校園倫理影響也相當深遠！

Unit **4-3**
多元文化教育

072

一、前言

世界上任何一個族群，或一個社會內的不同族群，或是不同的社會族群之間，皆存在著某些差異，並沒有「誰的文化比較好」或「誰的文化比較不好」的問題。

通常一般人常會認為自己的文化是最好的，若與自己文化不同時，便將其稱為「未開發」、「落後」、「原始」、「野蠻」等，習慣從本身文化觀點，來評價其他文化的優劣，此即相對於多元文化的我族中心文化主義。

二、多元文化教育的內涵

「多元文化教育」（multicultural education）屬於教育改革運動之一，其相對於「種族優越感教育」（ethnocentric education）。學校為因應來自不同族群之學生，應積極提供學生各種學習機會，讓學生了解各種不同族群的文化內涵及差異性，以培養學生認同、欣賞、接納與容忍本身及其他族群文化的積極態度，以消除族群的偏見與歧視，及避免種族的衝突與對立的一種教育。

美國的多元文化教育始於1960年代的黑人民權運動及婦女解放運動，其後低收入、身心障礙、文化不利等族群也紛紛要求教育均等，以反抗白人的主流文化霸權，並解決制度壓迫及不均等的問題。而學校實施多元文化教育的主要目的，即在於培養學生的批判思考、價值判斷、解決問題、充實知識及自我探究的能力。

三、文化交流模式

隨著時代變遷與不斷地發展，族群之間的交流也越來越頻繁，任何族群在交流及接觸過程中，或多或少皆會產生微妙或巨大的變化，通常不外乎有下列幾種情況：

（一）涵化（acculturation）

是屬於橫向的文化變遷，即不同文化在經過一段時間的文化接觸與相互交流之後，雙方皆發生變化。通常其可能產生之結果包括：1.接受，此又分為自願接受的「順涵化」、被迫接受的「逆涵化」，及「對抗涵化」；2.適應；3.抗拒。

（二）同化（assimilation）

乃文化調整的方式之一，即兩個不同的文化，在經過長期的接觸後，其中一個文化單方朝另一個文化接近而調整的現象。此現象通常發生於兩個文化發展水平不一致，且係由優勢文化去同化弱勢文化。文化同化通常其結果有強制性（以強制或武力實現文化同化）及自然性（自然接觸而逐漸實現文化同化）。當兩個文化自然接觸時，兩個文化皆會發生改變，儘管優勢文化居於主導地位，但弱勢文化有時也會產生反向的影響，而進行「文化融合」，如日本的「大化革新」。

（三）抗拒（resistance）

即某個民族對某些外來的文化，產生排斥、牴觸的現象。此現象各有其優缺點，優點即可避免自己本身文化，因外來文化的衝擊而解體；但缺點則是不利於自我本身文化的發展。

世界各國的多元文化

任何族群文化在交流及接觸過程中，或多或少皆會產生微妙或巨大的變化！如「涵化」、「同化」、「抗拒」等現象！

世界上並沒有
「誰的文化比較好」
或
「誰的文化比較不好」
的問題！

Unit 4-4
教科書的選擇

一、前言

如果說課程綱要是具體勾勒教育目的之藍圖，則教科書就是實踐課程目標的主要工具（卯靜儒，2013）。通常學校所使用的教科書之議題，包括「要選什麼教科書？」、「教科書要如何選？」、「為何要選教科書？」或「誰來選教科書？」等。這些議題除與教師的教學及學生的學習，具有密切的關聯之外，更與學生們未來升高中、高職、大學、技職時的入學考試息息相關，甚至將教科書奉為圭臬。

二、教科書的決定

教科書是教師教學的主要依據，也是學生學習的主要教材來源。而學校所使用的教科書之決定，即有關「誰來選教科書？」層面的議題！無論是「一綱一本」或「一綱多本」模式，其發展與演變皆有其特定歷史脈絡，並非憑空而來！

在1987年解嚴前，學校教科書是由國家官方統一制定的版本，即國立編譯館所主編與出版的教科書版本；因此，統編制的教科書成為學校或教師教學及學生學習的唯一標準，教育可能淪為國家意識型態灌輸或宰制的主要工具。此種「由上而下」及「官方決定」的「一綱一本」模式，在實行共產主義國家皆是如此！

1987年解嚴之後及社會的自由開放趨勢，政府將教科書決定權下放，由幾個民間出版社編輯，並送至教育部審查通過後，提供各級學校選擇。學校得因應地區特性、學生特質與需求，選擇或自行編輯合適的教科用書和教材，以及編選彈性學習時數所需的課程教材（教育部，2000）。

因此，各校擁有教科書選擇的自主權，沒有統一版本，可依個別差異與需求來選擇適合的教科書。此種「由下而上」的「一綱多本」之「非官方決定」模式，大部分在實施民主主義的國家，皆採用此種模式！

三、教科書的選擇

有關教科書的選擇方面，即關於教科書選用的規準或標準，包括教材內容的實用性、真實性與價值性，茲將其簡要分述說明之：

（一）出版特性

指教科用書的物理屬性，如版面設計、圖文搭配、文句組織、紙張品質、字體大小、色彩視覺和堅固耐用程度等，是否能符合學生之使用需求。

（二）課程目標

即無論官方或民間自編版本之教科書內容，皆應企圖達成或實踐國民中小學九年一貫課程目標。

（三）學習內容

即教科書內容是否能達成或實踐各學習領域課程目標的內容、題材、事實、概念、原理原則、方法、技能和價值等。

（四）教學實施

即指教師依據教科書內容進行教學時，可以選擇哪些教學方法。

（五）輔助措施

即教科書是否能提供學生學習的問題或教師教學過程中的各種疑問之諮詢協助管道及方法。

（六）發行屬性

即有關教科書的編輯作者群是否符合專業的信度與效度？書價訂定是否合理？出版書商的運作及財務是否健全？皆可能會影響後續供應的品質。

有別於過去「一綱一本」且由民間編纂的「一綱多本」教科書！

教科書的物理屬性，如版面設計、圖文搭配、文句組織、紙張品質、字體大小、色彩視覺等，應符合學生之使用需求！

Unit 4-5
教育改革議題

圖解教育社會學

076

一、前言

邁入21世紀，環伺世界各國因應新世紀的挑戰，教育強調「自由化」、「民主化」、「多元化」、「人性化」、「科技化」及「國際化」，並追求「卓越」、「均等」、「優質」與「創新」，也一直是世界各國教育改革的主要訴求！不進行教育改革，似乎已被視為保守落後的象徵！

如英國在1988年頒定「國定課程」；美國總統布希於2002年簽署「沒有落後的孩子！」（No Child Left Behind.）法案；2009年美國歐巴馬總統公布「邁向巔峰」（Race to the Top Fund.）政策；日本於2003年提出「教育振興基本計畫」，以發展孩童潛能、提升競爭力；德國在2000年實施「波隆納進程」，2008年召開「教育高峰會」等（翁麗芳，2006；詹紹威，2012）。

二、教育改革的內涵

「為何要進行教育改革？」、「可以不要有教育改革嗎？」其實回歸教育本質來思考，教育改革應只是一種促進教育發展的手段而已，其最終目的不外乎培育更優質的下一代，促進學生的全面發展，以因應新世紀的發展與挑戰！

以美國學者伊斯頓（D. Easton）的「系統理論」（system theory）所提出的教育改革模式，學校要把每一位學生帶上來，必須兼顧校內、校外的環境，採取各種不同的途徑，協助學生個性的發展（黃昆輝，2000）。換言之，任何國家的教育改革皆應

對內外環境進行整體性思考及多元化的調整，勿做單向度的改變，才不至於造成頭痛醫頭、腳痛醫腳的窘境。

從實務層面而言，教育改革的內涵甚廣，舉凡法令、制度、課程、教學等。以我國近二十幾年來的教育改革，如新設立教育基本法、實驗教育法，修改國民教育法、大學法、師資培育法、提高教師員額編制、降低班級學生數等。其次，調整學校體制為公立與私立並行，以公辦公營、公辦民營或民辦民營的方式運作。最後，學校運作模式是否自主、課程與教學是否創新等。

三、教育改革的方式

面對當前複雜的政治、經濟及社會環境，要進行教育改革確實是相當棘手的工程。綜合各國的教育改革方式，大致可以分成「漸進式」及「激進式」兩種改革。此兩種方式皆各有其利弊，茲將其分述如下：

（一）漸進式改革

屬體制內改革，即在原有教育體制下，採取逐步漸進的方式改革。如改變入學制度，考招分離，入學方式由一元化走向多元化；調整師資來源結構，原由師範體系單獨培育，變成某些大學設有師培中心來培育。

（二）激進式改革

屬於體制外改革，如學校過去皆為「公辦公營」方式，在法令的鬆綁下，調整為以「公辦民營」模式來運作，如成立華德福學校、種籽學苑、夏山學校等，以破除「升學考試」、「惡性補習」、「教學不正常」等問題。

攀岩

騎車

改變教學模式

破除「升學考試」、「惡性補習」、「教學不正常」等教育問題。

小班

繪畫

Unit 4-6
十二年國教議題

一、前言

走過近半世紀，我們才從「九年國民義務教育」（簡稱九年國教）走向「十二年國民基本教育」（簡稱十二年國教）！而十二年國教可謂我國為因應21世紀挑戰的重大教育政策，其以「促進教育機會均等」、「實現社會公平與正義」及希望改變學生的學習方式與入學制度為鵠的。然而，自實施以來各種訊息滿天飛，錯誤的訊息導致人心惶惶，飽受不斷的爭議，似乎永無止境！

二、何謂十二年國教

十二年國民基本教育，簡稱「十二年國教」，其有別於受到「國民教育法」、「強迫入學條例」規範的「九年國民義務教育」；此外，其並非完全免試、免學費、學區制、強迫入學，而係採「普及」、「自願非強迫入學」、「依一定條件採免學費」、「公私立學校並行」、「免試入學為主」等方式辦理。

三、過去的教育問題

九年國教的實施，有效提升我國的國民素質與培育許多人才，為國家發展及基礎建設奠下雄厚的根基。但實施將近半世紀以來，卻也衍生出許多如智育、升學、分數主義等問題，茲分述如下：

（一）智育主義

在考試領導教學及家長望子成龍、望女成鳳的趨勢助長之下，學校老師只教要考的認知方面之高階知識，僅重視智育成績，其他屬於情意方面的人文素養、倫理道德、音樂藝術等涵養，則淪為附屬科目領域，甚至被「配課配掉」、「包班包掉」而不教。

（二）分數主義

學生一天上課下來，至少考十幾張試卷，舉凡從認知的國、英、數，到技能的美術、音樂、體育，知識和技能皆簡化為選擇題、填充題！甚至以追逐百分為目的！然而，值得我們另類地反思，若不考基測時，學生的能力會變差嗎？

（三）升學主義

在入學制度方面，仍以升學主義為主，但卻經常飽受各種批評。如只考一次被譏為「一試定終身」；考兩次卻被批評為「又多一次煎熬」；改成多元入學，卻被說成「違反公平正義」；採計在校成績卻擔心「分分計較、折磨三年」；不採計在校成績又被說成「降低學生學習意願」！

四、結論

教育改革應是引導教學的多元化與多樣性，翻轉過去填鴨式教學的問題，促進學生學習的精進與效率。然而，從目前實際情況來看，無論「九年國教」或「十二年國教」在入學制度方面，雖實施多元入學制度，但皆仍無法脫離分數主義的考試思維，且與教育改革團體及家長團體的理想仍相距甚遠！

不過，若完全實施免試入學，以我們的社會文化氛圍，家長、學生能接受嗎？能真正減輕學生的學習壓力嗎？是否真能促進教育機會均等？甚至真的可以達到社會公平與正義嗎？這些都非常值得我們慎思熟慮！

Unit 4-7
師生互動的關係

一、前言

《荀子‧禮論篇》中曾說：「禮有三本：天地者，生之本也；先祖者，類之本也；君師者，治之本也。」古代韓愈曾說：「師者，傳道、授業、解惑者也。」子夏也曾對孔子說：「一日爲師，終身爲父。」由此可見，自古以來教師的地位，即相當的重要且崇高。

然而，隨著時代的變遷，師生衝突事件不斷地上演，甚至演出全武行及對簿公堂，時有所聞，且屢見不鮮。再加上「人本教育理念」及「不打、不罵、零體罰」之風行草偃，更促使許多教師充滿疲倦及無力感。但未來的教育希望仍需要靠老師，因此要積極重建與提升師道尊嚴，台灣的教育才能有眞正的未來！

二、師生互動的內涵

學校班級即是一個小型的社會，師生互動（student-teacher interaction）係指教師與學生之間多方的關係，透過語言、非語言、文字、符號、行爲、態度或肢體語言等，藉以彼此相互影響，並賦予意義及產生行爲的改變。換言之，師生互動，以達知、情、意及行爲等內涵動態的過程。

從微觀社會學而言，師生互動乃是師生之間，透過有效媒介的雙向、多向、連續、動態之影響歷程，其內容包括認知、情感、態度與行爲等層面，既是一門科學，也是一門藝術的展現。因此，若要達成有效良好的教學成效，則積極建立對等關係、共同參與、有效溝通、達成共識、認同及歸屬感更是不可或缺！

三、有效師生互動之原則

時代不斷地在改變，師生之間世代觀念的差距，促使傳統倫理的界線已越來越模糊，學生往往有「老師，其實你不懂我的心」之嘆，而常發生衝突或溝通不良之問題。若要達成有效的師生互動，教師除需秉持專業精神，發揮教育愛的熱忱與耐心之外，以下幾點有效原則可供參考：

(一) 依據C. Rogers理論，良好師生關係建立在眞誠、尊重與了解的基礎上。

(二) 善用多元的溝通管道與方法，並使用資訊科技媒體的Facebook、Line、Email等，以充分掌握正確、即時的訊息。

(三) 教師應隨時掌控及管理自己的情緒，尤其在盛怒之時，更應節制情緒的發洩、負面的態度與貶抑的用詞，以降低師生衝突，或避免衍生其他突發情況。

(四) 教師應妥善運用「比馬龍效應」（Pygmalion effect），深入了解每位學生個別差異與能力，以協助學生達到「自我應驗預言」（self-fulfilling prophecy）的效果，並建立合理的教育期望。

四、結論

教育之道無它，唯愛與榜樣而已！教師教什麼，學生就學什麼。同樣地，教師如何善待學生，則學生也會相對地予以回應與表現。

教師逐步引導學生進行實地「自
然觀察」的教學互動方式！

教師以「繪本故事」的教學方式
來引起學生的學習興趣！

Unit 4-8
潛在課程的影響

082

一、前言

　　隨著時代的變遷，學校的課程產生了許多該教而未教的內容；在學校正式課程之外，仍有許多有形、無形的因素，皆能使學生在有意或無意之中，學到某些知識、價值與道德，諸如學校環境、課程安排、學校制度、教師身教及教師期望等，其對學生的影響相當深遠且非預期的，而且可能產生正面或負面之影響。

二、潛在課程的內涵

　　潛在課程（hidden curriculum）相對於官方的、外顯的、正式的、意圖的、計畫的課程，屬於較不明顯的課程，主要是非預期的、不被公開的教育措施或學習結果，如潛移默化的身教、實際經驗或態度等（林永豐，2012）。

　　潛在課程是永遠存在的，是間接且非直接的影響，其影響甚至超越正式課程；學校教育人員透過環境的安排，使學生經自然有利的氣氛而有積極正向的學習。通常潛在課程學習的結果，大都是情意領域的，如態度、價值觀、人生觀等情意層面的培養，通常教師對其不易掌握，其對學生之影響也無法控制。

三、潛在課程的社會學觀點

　　在一些帶有批判色彩學者的看法中，潛在課程其實更含有「社會控制」、「宰制」、「合法化」、「複製」等深層涵義，茲將其分別說明如下：

（一）社會控制（social control）

　　Vallance（1974）認為潛在課程的主要功能，在於進行「社會控制」，如灌輸價值觀、政治社會化、服從的訓練及傳統階級結構的維持等。Illich（1999）也認為潛在課程深藏於學校社會結構的儀式之中，學生無可避免地皆會受到其影響；學校利用潛在課程所隱含的制度性操控，使學生產生更系統、深刻的影響，誘導其對機構的依賴並產生遷就和認可。

（二）宰制（domination）

　　Freire（1989）提出「囤積」（banking）的概念，指出學校存放（deposit）知識與技能到學生的腦中，並以帶有宰制手段的意識型態來灌輸給學生，使他們去順應這個壓迫的世界，而教育者本身也未察覺到這種傾向。

（三）合法化（legalization）

　　Apple（1990）指出，學校教育中的潛在課程，即在學生的學校生活中，以不著痕跡的方式，將被合法化的規範、價值觀和文化，經過每日的學校制度之要求與例行公事不斷地教導給學生。

（四）複製（reproduction）

　　Anyon（1980）指出，潛在課程是為社會階級的特別關係之生產而進行的「暗默的準備」（tacit preparation），這些是透過每天的學校生活和教室活動，及不平等的經濟關係結構所進行的，其結果即複製社會的不平等關係。

教師的「一言一行」皆直接
或間接地影響學生！

「潛在課程」是為社會
階級關係之生產而進行
的「暗默的準備」！

每天的學校生活和教室活動
即為不平等的經濟關係結構
進行的複製！

教師的思想、言行與價值觀
即直接或間接地影響學生的
判斷與觀念！

Unit 4-9
創新教學的發展

圖解教育社會學

084

一、前言

近幾十年來，我國的教學現場已掀起翻天覆地的變化！教師們為了讓學生們學到新的、活用的知識能力，並以學生為中心，不放棄任何孩子的目標及理念下，各種突破傳統的新式教學方法，諸如「翻轉教室」（flipped classroom）、「MAPS」、「學思達」、「薩提爾教學」、「PBL教學」和「差異化教學」（differentiate instruction）等，已在教學現場百花齊放，激起繽紛教學創新的浪花。

二、突破傳統的教學

㈠翻轉教室：其最大變革即要求學生預先在家看教學影片。在教學中，教師透過測驗、討論、學習單或作業，了解學習狀況，並進行即時補救。教學後，透過班級社群網絡，促進彼此交流。

㈡MAPS：有四大特色，首先以「心智繪圖」（Mind Mapping）讓學生解構文本；其次，教師以脈絡問題進行「深度提問」（Asking Question），幫助學生釐清學習方向；接著，學生進行「上台報告」（Presentation），以驗證自學程度；最後，進行「鷹架補救」（Scaffolding Instruction），以提升學習成效。

㈢學思達：源起自學、思考、表達及多重啟發的概念，學思達即自學、思考和表達三個概念的縮寫。學思達強調「所有東西都在課堂上完成」，不讓學生埋頭低層次的認知，要追求高層次的理解、思考，以最終完整表達。因此，教師於課前，要以問題為主軸，設計客製化的

講義；教學中，學生很忙，不停切換學習型態，包括自學、思考問題、討論、表達、老師補充等；教學後，教師進行批閱、輔導、檢核思考深度等。

㈣薩提爾教學：薩提爾教學模式（Satir Teaching Model）植基心理學理論，其目的在提升教師與學生的自我價值及賦予個人能力。強調教師在教學過程中，以「自由的看和聽」、「自由的說出」、「自由的感覺」、「自由的要求」、「自由的根據」等方式來引導學生，以轉化（transformation）傳統教學被動的教學方式。

㈤PBL教學：即問題本位學習（Problem-based learning），乃透過簡單的生活實例，讓學生進行小組討論，以協助學生獲得「省思」、「求知」、「解決問題」、「合作學習」的能力。

㈥差異化教學：指教師依據學生個別差異及需求，彈性調整教學內容、進度和評量方式，如實施「分組教學」、「個別化教學」、「PBL教學」等，以提升學生學習效果和引導學生適性發展，以作為未來教學改進及彌補傳統講授方法的不足。

三、結論

傳統正規教育的科學化課程與教學，將學校視為工廠，學生只是成品，教師採用類似工廠的標準化作業程序，進行一體適用標準化教學，雖然能達到教學的效率或效能，卻仍忽略學生真正的學習需求。而上述這些新式教學方法，具有彌補或改善傳統正規教育的問題，足以提供關心教育的家長或教師另一種選擇。

Unit 4-10
教育機會均等

圖解教育社會學

086

一、前言

在自由競爭、民主開放的社會中，學校教育不應僅只讓每位學生都接受「一樣內容」、「一樣分量」的教育，更應「以不同的方式」，「對待不同的學生」，並提供弱勢向上流動的機會，以促使社會不同階層學生的潛能獲得完全充分的發展，才能打破社會不公平的情況，以實現教育機會均等之理念，並落實社會的「公平」與「正義」理念之目標。

二、教育機會均等的概念

美國學者柯爾曼（J. S. Coleman）於1966年提出「柯爾曼報告書」（Coleman Report），探討教育機會均等之議題，並於1968年發表「教育機會均等的概念」之論文，探討影響個人教育機會均等的因素，並指出教育機會均等（the equality of educational opportunity）含有兩個重要的概念，即包括人人均有相等的「入學機會」，接受「最基本」的國民教育或義務教育，其目的即在消極的取消入學限制，以達立足點的平等；其次，人人皆有相同機會，接受符合其能力的人才教育或分化教育，意即教育應積極的從事「積極性補償」措施，使個人潛能得到充分的發展，以求結果的平等。

三、促進教育機會均等的方式

美國於1950年至1960年發生「民權運動」（civil rights movement），其國會並於1964年通過「民權法案」（Civil Rights Act），而此乃間接促進教育機會均等理念得以萌芽。大致而言，要促進與落實教育機會均等的方式相當的多，茲將其分述如下：

（一）就學平等與保障

人人皆能免費得到某種程度的教育水準，如延長國民義務教育年限；不分貧賤，公平客觀入學考試；學校制度單軌化，延緩課程分化。

（二）實施補償教育

以不同的方式，對待不同的學生，對差別特性者，給予差別的對待。如針對「文化不利」及「文化剝奪」的地區，相對的投入滿足符合其需求的教育資源；另如發展特殊教育，以落實「零拒絕」理念。

（三）落實積極差別待遇

依據法令及實際情況合理分配教育經費，使教育資源分配合理化。此論係源自社會正義的「平衡性分配」之觀點，具「積極性補償」的意義與功能。強調人因後天社會、環境不利因素，造成個人在教育機會和生存競爭劣勢，因而必須藉由教育或法令來彌補，而具體表現則在實施教育優先區。

（四）保障教育選擇權

因應公立學校教育經營不佳或教育品質低落的問題，從市場自由競爭的觀點，保障教育選擇權，提供教育券讓家長或學生自主自由地選擇就讀的學校。

（五）強調適性化課程

學校應依據學生個別化、差異化之能力與需求，提供有別於一般學校不同的師資、課程、教學與環境，以落實「因材施教」的理念。

1	就學平等與保障！	4	強調適性化課程！
2	實施補償教育！	5	落實積極差別待遇！
3	保障教育選擇權！		

第 **5** 章

教育制度篇

章節體系架構

　　教育制度乃是各國教育發展的基礎，而要了解我國的教育改革之趨勢，必先從了解我國歷代的教育制度開始。從比較教育的觀點，環伺世界各國的教育制度，雖然琳瑯滿目五花八門，但皆依循某些法則，並因時因地制宜，以制定出符合國家需要的教育制度。

　　各國依據現況，目前所實施的教育制度皆有其優點，但亦有其缺點或限制。換言之，沒有任何一種教育制度是最好的，或能完全滿足及解決教育所面臨的問題，只能因應教育的變遷與發展，進行調整與修正。

Unit 5-1
何謂教育制度

圖解教育社會學

一、前言

當普羅大眾談到教育時，「芬蘭教育，世界第一！」大家皆耳熟能詳。人口不到台灣的四分之一的芬蘭，為何能奪下「教育桂冠」呢？其最主要原因，即芬蘭的教育制度奠基於「免費」（九年義務教育）與「公平」（一個都不能少）的基礎，而非強調教育的「快樂學習」之上。

教育是立國的根本，「受教」與「學習」是孩子的基本人權，而教育更是通往新世界大門的鑰匙。換言之，教育必須系統性與完整性的制度化，方能為國家提供及培養各種優秀的人才，使國家不斷地進步與發展，並因應未來的變化與挑戰。

090

二、教育制度的概念

何謂教育制度呢？教育制度即為達成學校教育之目的，且為社會所公認而設的法令、預算與規章等。教育制度規範國家教育實施的實質內容，諸如學校系統、性質、任務、入學方式、修業年限等；教育制度的存在，即在減少教育行動的隨意性，增加教育實施的穩定性和預測性，以協助國家長治久安與未來的永續發展。

從廣義而言，為實現及達成教育目的，其不應僅限於直接的學校教育制度而已，還應包括「社會教育制度」及諸如達成教育目的所必須的「教育行政制度」、「教育財政制度」、「學校教育組織」、「學校教育體系」等其他間接相關的教育制度。

教育制度充分反應一個國家的政治、經濟、文化等方面的需求，也會隨著社會發展而變化。一般民主國家的教育，通常會依照法令透過教育制度與制度場域，規範各級各類學校的性質、任務、入學條件、修業年限及其之間的關係，以培養民主社會未來的優秀公民，維持一個社會體系的穩定與延續，實現民主社會的理想。

三、教育制度的改革

任何一個國家的教育制度，在推動與實施的過程中，皆必然或多或少會遇到一些問題，卻並非台灣獨有的；如何讓教育制度更趨於「公平性」、「普遍性」與「實用性」，乃各國皆致力追求之目的與價值。

目前雖有許多先進國家皆引進「自學」之熱潮，但在全球自學熱潮中，卻也有反向操作的國家，如德國和瑞典即是典型的代表，兩國都明訂自學違法。

近幾十年來，各國皆致力於學校教育制度的改革，其趨勢包括將學前教育納入正式學制（如我國幼稚園改制為幼兒園後，招收年齡已擴大到2歲以上至入國小前的4個年齡層），縮短初等教育修業年限，擴充高等教育階段機會，後期中等教育延後分化等。而學生若因身心障礙程度過重而無法就學，則家長可申請「在家教育制度」的一種替代性的學習方式。

Unit 5-2
教育制度的型態

圖解教育社會學

一、前言

　　教育制度反映著國家當代的社會、經濟、政治與文化的需求與發展。長久以來，社會學家即將教育制度視爲社會制度的一環，主張教育制度即執行國家特定的教育任務所安排的某些特定之約定俗成和法律。因此，有效的教育制度，可以將有限的教育資源運用得更加有效率，將教育資源運用在最需要的地方（即錢花在刀口上）。

二、教育制度的型態

　　教育學制乃教育制度的主要內涵之一，教育制度從狹義而言，即指現代學校的正式教育制度，簡稱爲「學制」。現代的教育制度，主要由三種結構所構成，不同類型的學制，只不過是學校的系統性和階段性的不同組合而已。此外，社會是多元且複雜的組合體，不同型態的教育學制各有其優缺點，除可滿足不同需求的學生之外，也與該國的文化相符應。茲將其型態，簡要說明如下：

（一）縱向－雙軌制（double-track system）

　　從縱向劃分的學校教育系統，占絕對優勢的學制就是雙軌學制。此制度係在社會、政治、經濟及特定歷史文化條件的影響下而形成，其同時存在兩種或數種不同形式的學校教育系統，彼此平行、並存、沒有關聯且無法互相轉換，充分反映社會上、下層的不平等的教育權利，其目的在完成不同的教育任務，而實施的國家如英國。雙軌制包括兩

092

軌，其中一軌是「由上而下」，另一軌則是「由下而上」。

（二）橫向－單軌制（one-track system）

　　爲徹底實現教育機會均等之理念，由橫向劃分的學校教育階段，占絕對優勢的學制即是單軌學制。單軌學制乃屬於「由上而下」的結構，爲一種連續性的教育制度，學生可以依據自己的年齡與意願來完成義務教育，學生沒有社會階級、經濟條件之限制，從小學、中學而至大學，連成階梯的直線型學制。單軌制最早形成於美國，其他實施的國家如台灣、二次戰後的日本等。其特點是一個系列、多種分段結構，其可分成「六／三／三／四」、「五／三／四／四」、「四／四／四／四」、「八／四／四」、「六／六／四」等分段形式。

（三）多軌制（或稱分歧型）（multiple-track system）

　　多軌制係指多個學校教育制度並存，彼此相互平行，以提供不同受教對象的教育服務；其介於單軌型和雙軌型之間的一種學制，即在基礎教育階段實行單軌制，高中教育實行雙軌分流，實施的國家如德國。此外，屬於正式學校外的非正式教育體系的型態，仍然存在於社會各個角落，例如各種補習班、才藝班及各種文化中心或教養教室等，皆可納入廣義的教育制度涵義之內。

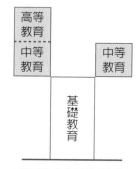

教育制度的型態

由下而上系統	由上而下系統		高等教育 中等教育	中等教育		高等教育	
				基礎教育		中等教育 初等教育	

縱向—雙軌制　　　　多軌制（或稱分歧型）　　　横向—單軌制
（double-track system）　（multiple-track system）　（one-track system）

資料來源：日本教育制度研究會編（1991）「要說教育制度」改編

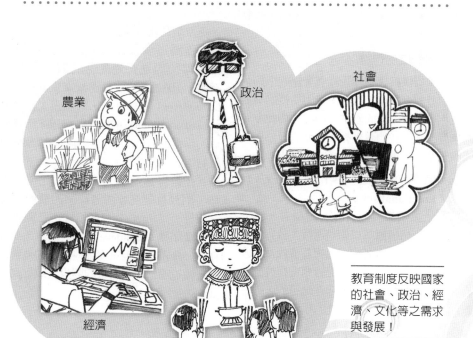

農業　政治　社會

經濟　文化

教育制度反映國家的社會、政治、經濟、文化等之需求與發展！

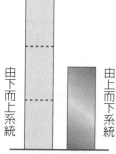

Unit **5-3**
教育制度的理論

一、前言

　　教育制度即國家教育單位根據憲法而實施的教育方針、政策、並針對各級、各類的學校任務、學習年限、入學條件所作的詳細規定。教育是社會化的重要一環，社會學家主張，教育制度即在執行國家特定的約定俗成和法律。

　　各國實施教育制度之目的，在於促進學校教育的「集體強制管理」、「統一僵化課程」、「單調一致制服」、「標準化考試」等，以提升教育措施或活動的效率及效能，並減少教育行動的隨意性，增加穩定性和預測性，協助國家長治久安與未來的永續發展。

二、教育制度的理論

　　理論提供教育制度設立與實施的準則，學者對於教育制度的看法，皆因所持的論點不同，自然有不同的看法。然而，如此多元的角度，卻讓我們看到教育制度的優點與可能的限制，茲舉幾個理論將其說明如下：

（一）結構功能論（structural-functionalism）

　　此派主張教育的實施，需要有一套完整及縝密的結構體系以順利運行，教育制度中的人、事、物需要和諧地相互依賴及相互合作，並在共識基礎上會進行相當程度的整合。因此，強調教育制度存在之目的，即在幫助、建立與維持教育制度的秩序。

（二）衝突論（conflict perspectives）

　　此派認為學校教育制度的存在是為統治階級而服務的，並淪為國家宰制人民的工具。學校的教育制度並無法提供均等的機會，僅能滿足資本主義社會的勞動力需求，用來「再製」不平等的階級而已。此外，美國的包里斯（S. Bowles）也以衝突、變遷與強制等概念來分析教育制度，認為學校教育制度使學生習慣於職業上的紀律，發展出與工作相配的合宜舉止而已。法國的阿圖塞（Althusser）認為教育制度乃是國家意識型態的機器，在於為資本主義之生產條件的再製。

（三）現代化理論

　　強調每個國家社會的發展目標，皆需由傳統而進化到先進的國家（教育大辭書，2012）。社會達爾文主義（Social Darwinism）基此理論，即主張人類社會的發展也會遵循同樣的軌跡及階段，而邁向一樣的目標來發展，其差異僅各個國家社會所站的位置不同而已。

　　在教育制度上，依據現代化理論的觀點，則教育制度會隨著時間的發展而依循「線性」（linear）發展模式，已開發國家與低度開發（less-developed）國家之間雖然存在一些差異，但只要這些落後的社會或國家繼續追隨已開發國家的腳步，即可到達發展的最後階段。

憲法
總綱
第一條 中華民國基
於三民主義，為民
有、民治、民享之民
主共和國
第二條 中華民國

學校的教育制度是依據憲法

學校的教育制度之規範內容

學校教育制度

| 學校
任務 | 學習
年限 | 入學
條件 | 相關
法令 | 學校
組織 | 學校
財政 |

Unit 5-4
教育制度的反思

一、前言

從不同的觀點與角度，進行教育制度的反思與慎思，有助於找出在實施或推動過程中可能遇到的盲點或問題，進而進行修正，避免走了冤枉的路。

諸如現代的教育制度，真的能培養出全人嗎？良好的學校教育制度，可否讓學生得到充分發展，並自由地探索人生呢？事實上，現代的學校教育，時常發生扼殺學生的創意與能力，非常值得我們深思。

二、反思教育制度的必要性

為何現代各國需要有教育制度呢？此係源起於西方自18世紀工業革命後，各國為因應快速及重大的變遷及對勞動力的需求，因而在教育需要「有效率」的概念下，促成現代化教育制度的興起。此係立基於「效率」的概念，即強調對教育資源的有效整合利用，以最少的費用，獲得最佳的學習效果。

其次，憲法是我國教育制度的最高指導原則，對教育的規定包括三大部分，即人民在教育上的基本權利、國家對教育的基本國策及有關教育權限的分配等。此外，依地方制度法規定，教育制度之規劃與設計，不是縣（市）教育文化及體育的自治事項，而是屬於中央主管教育的職權，此則與美國並未擁有建立全國教育制度的權力南轅北轍。換言之，教育制度在全國實施有一制性規範的必要性，不因地域之差異而有不同的規範與作為。

所以，教育制度必須依照憲法或法令來實施，以彰顯其正當性；另外，在效率概念的催生下，也凸顯教育制度設立與實施的必要性。

三、反思教育制度的合理性

依據社會學家布爾迪厄（P. Bourdieu）的文化資本論，他認為上階層的經濟資本可透過教育體制轉化為文化資本。然而，此則與功能論者主張之理念背道而馳！功能論者認為學校是為滿足現代民主社會所需之知識、政治、社會、經濟等需求，而提供平等的教育機會，以促進階級流動，讓學生能發揮各自才能。

而衝突論者將學校視為維繫當權者的意識型態組織，學生學習是被迫的，存在著緊張關係！而此亦違背先進的現代化教育制度希望培養出「全人」之教育主張。某些國家的意識型態主張，非但沒有縮小與西方先進國家之差距，反有擴大的趨勢。

教育制度之最終目的，在於培養優秀人才，以提升國家的競爭力。然而在推動與實施教育制度的過程時，必須兼顧目的與手段之間的合理性，才不至於因噎廢食。功能論與衝突論之爭皆有其道理，教育制度猶如雙面利刃，實施的良窳，皆關係到教育的品質，不能不謹慎思辨其合理性層面問題。

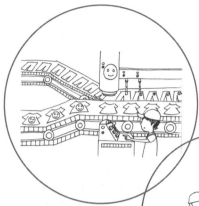

教育制度目的是為了「效率」？或培養學生獨立自主呢？

反思教育制度的「全人」教育主張的重要性？

Unit 5-5
有公平的教育制度嗎？

圖解教育社會學

一、前言

世界上「有公平的教育制度嗎」？學校依教育制度而行，原本即應讓學生們得到充分的自我發展，並探索人生所需的必要知識；然而，事實上卻經常發生扼殺學生們的創造力與想像力，讓許多學生成為教育制度下的犧牲品。

依據社會學家布爾迪厄（P. Bourdieu）的文化資本理論，主張教育無助於個人提升智識能力，打破社會階層限制；教育制度雖具有篩選人才功能，但卻無助於創造開放性社會。因此，許多專家學者也對教育制度的功能，不斷提出反思與質疑！

098

二、有公平的教育制度嗎？

「有公平的教育制度嗎？」此係基於馬克思主義的「衝突理論」及德國哈伯瑪斯（J. Habermas）的「合法化理論」（legitimacy theory）作為批判基礎。譬如教育優先區的經費之分配，是否公平與合理？為什麼智育成績不佳的學生會被貼標籤，而成為失敗者？教科書內容經常受到質疑，其內容對原住民學生之學習是否公平？

其次，美國的赫欽斯（R. M. Hutchins）、阿德勒（A. Adler）等人皆認為，不管環境如何不同，人性與知識皆是一樣的，教育制度之最主要目的，皆希望促使每個人皆能獲得符合人的教育品質。

因此，教育應是「以人為本」，教育制度的改革，應探討整個學校教育制度的合理性與公平性之問題，若未能解決問題，反而衍生其他問題，則容易引起一般社會大眾的質疑，並製造教育的動盪與不安！

三、教育制度的批判與反思

美國的包里斯提出「衝突」、「變遷」與「強制」等概念，來分析當代的教育制度，主張教育制度在於使學生習慣於職業上的紀律，發展出與工作相配的適當舉止之行為。

美國的柯林斯（Collins, 1979）也指出，現代教育發展因社會變遷與進步而不斷地擴張，對於「文憑」需求也越來越高，此並非因勞力市場對技能提升的真正需求，而係受到職業及社會結構的優勢地位所影響。

法國的阿圖塞（L. Althusser）認為，教育制度屬於「意識型態」的國家機器，符應資本主義的生產力與生產再製關係，甚至只為特定的政治統治階級而服務。因此，在意識型態的教育制度下，其教育中特定的知識、道德、價值與哲學思想，僅在傳遞有利於國家的意識型態思想，鞏固其合法化的統治地位與宰制的正當性，並打壓任何對其不利或對其統治地位可能造成的任何威脅而已。

所以，任何國家的教育制度，皆不能淪為國家的意識型態機器，僅以符應資本主義的生產與再製的關係，及過度受到職業及社會結構之影響，才不會自食惡果而限制國家與人民之未來發展的潛力與創新的能力；應奠基於民主法治之上，制定公平的教育政策，建構公平的教育機制，創建教育公平、創新的發展模式等，才能真正造福人民，並為國家產生永續及穩健的公平教育制度！

1. 經費之分配？
2. 教科書內容？
3. 學習是否公平？
4. 弱勢及多元族群？
5. 其他……？

有公平的教育制度嗎？

 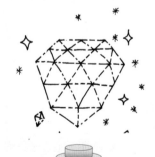

教育制度的量與質如何平衡？

Unit 5-6
我國上古前半期的教育制度

圖解教育社會學

一、前言

我國具有五千年悠久的傳統歷史文化，教育制度的歷史傳統，無庸置疑地也是世界最悠久的。而我國最早的教育制度首見於《尚書‧舜典》之中，而《學記》乃是我國的上古史中，最早有系統討論教育的專著。

我國的教育制度發展的歷史，大致而言可分為上古前半期，即夏、商、周時期；上古後半期，即東周末年的春秋戰國時期；中古前期，即秦、漢、魏晉、南北朝，以儒家思想為中心；中古後期，含隋、唐、宋、元、明、清等六個時期；而近現代教育制度，即自民國以後至今為止。

100 二、上古前半期的教育制度

我國古代的教育皆是以「考取功名」為主要目的，因教育投資成本相當昂貴，因而讀書皆是富貴官宦之家的事，一般人很少有人願意投資在教育方面，所以古代的「十年寒窗」、「鑿壁借光」、「螢蟲映雪」的典故，一直為人津津樂道，傳為美談！

從我國教育史來看，夏、商、周是我國最早設立學校的時期。我國上古前半時期的教育，即夏、商、周時期，主要是以官辦教育的王官（貴族）學為主，其後才逐漸進轉為私辦教育的百家（民間）學。夏朝是我國第一個朝代，在夏代時，正式以教育為主的學校，稱之為「校」，從孟子曾說：「夏曰校，教也」，即可印證之。

商朝是我國的第二個朝代，但卻是我國第一個直接有文字記載的朝代。在商朝時代，正式以教育為主的學校，則稱之為「庠」。但因商朝的生產力、文化及科學日漸興盛及發達，因而學校不斷增加，又設立「學」與「瞽宗」，而「學」主要在教導學生明人倫，至於「瞽宗」則教導學生以習樂為主；而「學」又分成「左學」及「右學」，左學乃專為「國老」而設，右學則專為「庶老」而立，國庶之分，即貴族與平民之分。

周朝是我國的第三個朝代，到周朝時代，正式以教育為主的學校，則改稱為「序」；然而序又分成「東序」與「西序」，東序為大學，在國都之東，乃貴族及其子弟入學之地；西序為小學，在國都西郊，是平民學習之所。

至西周時期，乃奴隸社會的鼎盛時期，實行「世卿世祿」制度，即憑藉宗法血緣關係，進行官爵世襲。此時期學校組織比較完善，分為國學與鄉學兩種。國學專為貴族子弟而設，為中央直屬學校，又分成大學與小學兩級；而鄉學則是地方學校，依當時地方行政區域而分成塾、庠、序、校之別。

三、結論

從以上之論述得知，我國古代對教育仍相當地重視；基本上，我國上古前半期的教育制度和教育機構，皆由官方階級所制定與主導，貴庶的階級教育之分仍相當明顯。而其所實施的教育制度，頗類似現代的「九年國民教育」、「十二年義務教育」的公有制教育，而其差異僅在於服務對象，大部分皆屬於官宦之眾。

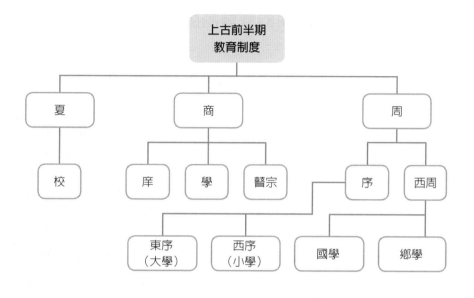

```
                    上古前半期
                    教育制度

        ┌──────────────┼──────────────┐
        夏              商              周
        │          ┌────┼────┐     ┌────┴────┐
        校         庠    學   瞽宗    序      西周
                    │              │
              ┌─────┴──┬──────┬────┴──┐
            東序      西序    國學     鄉學
           （大學）  （小學）
```

十年寒窗無人問，
一舉成名天下知！

漢代匡衡的鑿壁借光，
傳為美談！

Unit 5-7
我國上古後半期的教育制度

一、前言

東周末年的春秋戰國時代，社會長期處於分裂及戰事頻繁，社會生產力受到巨大破壞，文化教育也受到很深影響。然而值此變動年代，卻奇蹟般地出現巨大變革，除在政治、軍事、文化、教育等產生重大變化外，也出現「百家爭鳴」的現象，形成我國古代史上文化及教育的重大轉折，也促使奴隸社會崩潰，而過渡到封建社會。

二、上古後半期政治對教育制度的影響

《左傳》曾言：「國之大事，唯戎與祀。」在西周時期，貴族子弟除學習射、御之外，其他皆與祭祀有關。然而至春秋時期，宗法制度已失去控制能力，各個諸侯紛紛立國，轉而重視治理政事，培植軍事力量，以增強壯盛諸侯本身的實力，他們所關注的已不在戎與祀，而在戎與治。

因此，在春秋時代的初期，各諸侯之間因政治的變革、對人才的迫切渴望，及官學中僵化的學制及陳舊的課程內容，已無法適應時代變革之需求，而產生官學由盛而衰，私學逐漸興起之現象。

三、上古後半期的教育制度

自東周到春秋戰國，偏重士族領導階級領袖人才的培養。春秋時期的第一個霸主齊桓公，是最早廣納賢才及破格用人的諸侯。齊桓公用管仲為相，舉於版築之間，而能在短時間內稱霸，並且「九合諸侯，一匡天下」。像管仲這樣的人才，絕不是在繼承西周的傳統教育制度的官學中所能培養出來的。

春秋初期至中期，各國開始改變西周學制，並制定各自的教育制度；其次，春秋中期至戰國初期，諸侯國為爭霸及保持霸主地位而重用人才，私學興起，「師」的地位確立；古代私學始於春秋時期，其中以孔子的私學規模最大，影響也最深遠。再者，在戰國初期至戰國中期，諸侯國間的分裂和兼併日益劇烈，私學進一步發展，形成不同學派，統治者逐漸給私學以政治影響，官學開始恢復。最後，在戰國中期至戰國晚期，歷史發展的潮流趨向統一，分散的私學已逐漸不能發揮作用，官學的地位已超過私學，師資力量多向官學集中。執政者通過官學扶植統治力量，官學擴大；最後，實現「以法為教、以吏為師」的學吏教育制度。

四、結論

春秋戰國時期（公元前770年至前221年），改革舊有的選才任官制度，以「任人惟賢」、「因功受祿」的方式，取代「世卿世祿」制度，希望能以多元而不拘一格的方式選拔出最優秀人才，乃迫於動盪時代之需，頗符合「時勢造英雄」之趨。

然而，在春秋戰國時期，因各地分裂割據，促使官學失修，私學興盛，而出現許多憑「三寸不爛之舌」的「遊說之士」，開啟「養士」的社會風尚及「百家爭鳴」之現象。然而，其最大的缺點則是「賢無定式」、「舉士無方」的章法，缺乏選才的客觀標準和特定方法。

國之大事
唯祀與戎！

九合諸侯
一匡天下

上古後半期
教育制度

春秋初期
至中期

春秋中期
至晚期

戰國初期
至中期

戰國中期
至晚期

廣納賢才及破格
用人（如齊桓公
用管仲為相）

私學（孔子的私
學規模最大，影
響最深遠）

私學（分散的私
學已逐漸無法發
揮作用）

官學（以法為
教、以吏為師的
學吏制度）

Unit 5-8
我國中古前期的教育制度

104

一、前言

我國中古前期的教育，即秦、漢、魏晉、南北朝，皆是以儒家思想為中心。根據史書記載，自虞夏起，我國的正式教育可能已開始萌芽，而教育制度則大約建立於秦漢時代，但正式的教育制度則源始於北宋開國後十餘年後。在春秋戰國時期，「私學」即為重要的教育組織形式，雖秦朝奉行「以法為教、以吏為師」而暫禁私學，但秦後之歷代，私學仍蓬勃發展。

二、秦朝的教育制度

在秦、漢時期，各郡均已辦學。早在先秦時期，儒家所提出的文藝——禮、樂、射、御、書、數等，即屬於「博雅」的教育哲學思想。秦朝的教育比較不發達，因其教育對象只限於少數人，對一般國民的教育，採愚民政策，禁止私學。

三、漢朝的教育制度

漢代的教育相當發達，漢朝建立後，官學及私學齊頭並進，而使教育的發展歷久不衰。首先，漢代允許私學發展，民間私設學校來教育自學之士，在社會動盪之下，官學無法繼續維持，促成私學興盛而化身為官學的補充形式，對「私辦官助」、「半官半私」和「完全官辦」的書院，造成直接的衝擊。

其次，在朝廷方面，則設立完善的官學體制，初設「太學」，以教育王公貴族及官吏子弟，此實乃為我國古代的學校制度奠定良好的基礎。漢武帝時期，建立察舉及科考選人制度，由地方長官以「賢良方正」的方式來察舉選士，以發掘賢良官吏，此乃基於「觀智慧」的方式，作為選任推舉官員之標準，以發現具有聰明才智且可明察君主過失的賢達之人。

我國傳統官學教育的內容，主要可分為兩種：一種是宗教、政治與教育三者合一；另一種是政治與教育合一，並以儒家經術為主；而其分水嶺即是漢朝。漢武帝時期，學校分五級，中央設太學，地方按行政等級設「學」、「校」、「庠」、「序」等四級。值得一提的是，漢靈帝時期的「鴻都門學」則專習書畫辭賦，可稱之為現代專門的藝術學校。

四、魏晉南北朝的教育制度

魏晉南北朝時期戰亂頻頻，學校數量銳減，雖仍開設太學，但內容空疏，有名無實，仍形同虛設。三國時期的魏文帝，陳群創立「九品中正制」選任官吏，由中央特定官員，按出身、品德等考核民間人才，分為九品錄用；但因魏晉時代，世族勢力強大，影響中正官考核人才，於是造成「上品無寒門、下品無世族」的現象。

西晉初年，太學一度發展較快，但晉武帝時除設太學外，另設「國子學」，置「國子祭酒」及「國子博士」各一人，助教十五人，以教生徒；北魏時，在太學與國子學外又設四門學，並遍置州郡學。至南北朝門閥時代，時時干戈擾攘，禍亂相尋，教育仍不發達。此外，南朝宋文帝時設醫學，培養醫學人才。

秦

孔子

漢

魏晉

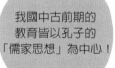

我國中古前期的
教育皆以孔子的
「儒家思想」為中心！

南北朝

九 品 中 正 制

上品無寒門　下品無世族

中正九品
・上上　一品
・上中　二品
・上下　三品
・中上　四品
・中中　五品
・中下　六品
・下上　七品
・下中　八品
・下下　九品

・一品
・二品
・三品
・四品
・五品
・六品
・七品
・八品
・九品
官品九品

Unit 5-9
隋、唐的教育制度

圖解教育社會學

106

一、前言

我國中古後期教育，包含隋、唐、宋、元、明、清等六個時期；而近現代教育，即自民國以後。隋朝時期，教育得到蓬勃發展。隋唐時期，在中央開始設教育行政專官，學校淪為科舉的附庸！

二、隋代的教育制度

隋代上承南北朝，下啟唐朝，中央設立「國子監」，屬於教育行政專官，學校淪為科舉的附庸。隋文帝時，取消「九品中正制」，改採「薦舉法」選任官吏；至隋煬帝時，設進士科，正式設立「科舉制度」的考試制度，自此選官不問門第，目的在除去「九品中正制」的流弊。至隋煬帝時，增設進士科，乃為科舉制度的起源，秀才試方略，進士試時務策，明經試經術，建立完整的國家分科選才制度。

隋文帝從中央到地方普設「官學」，在中央設「國子寺」，置祭酒，專門管理學校的教育工作，並設國子學、太學、四門學、書學、算學等五學。此乃我國歷史上專門設立教育行政部門和專門教育長官的開始。在太常寺所屬的太醫署和太卜署設置醫博士和太卜博士，另在太僕寺中設獸醫博士，在大理寺設律博士。

三、唐代的教育制度

唐朝的教育制度相當進步及完善，建立龐大的學校體系。在中央直屬的學校有「六學」，即「國子學」、「太學」、「四門學」、「書學」、「算學」和「律學」等；而六學直屬「國子監」，長官為「國子祭酒」。唐太宗曾命國子祭酒孔穎達等編撰

《五經正義》，令天下傳習，成為全國學校的統一教材。其次，東宮統屬「崇文館」，門下省統轄「弘文館」和太醫署統轄「醫學」。

至於地方則按行政區，分設府、州、縣學，並設醫學作為傍系。此外，由於唐朝尊崇道教，中央及地方都設「崇玄學」，以做專門學習道經之場所。

唐朝取得仕途的方法，包括生徒、鄉貢、制舉等途徑，經禮部會試考中進士後，僅只取得為官的出身門第，尚無法立即入仕為官，仍需再經吏部考試合格後，才能進一步授與官職。唐朝的科舉考試設科繁多且影響深遠，不同時期所設的科目不盡相同，前後總計幾十種以上；其中經常舉行的常科，如秀才、進士、明經、俊士、明法、明書、明算、一史、三史、開元禮、童子、道學等；另外還有制科和武舉科等。唐代考試偏重實踐取向且取士較廣者，惟進士與明經兩科；中唐以後，進士地位日益榮高，其考試題目兼試詩賦，亦較明經為難。

唐代的科舉制度在過去的法國教育制度中，皆可見其影響力。唐代從進士出身者，終身為「聞人」，由「三十老明經，五十少進士」，此話得知，唐朝的科舉制度，進士科較明經科不易及第，且顯示進士科在唐朝考試中的重要性。

唐末五代十國，喪亂以來，文學廢墜，「官學」及「私學」並行，而後則繼之「書院」，成為唐末出現的重要教育制度，亦是爾後私學的前身。自此，官學教育和科舉取士都以儒經為據，奠定儒家思想的正統地位。

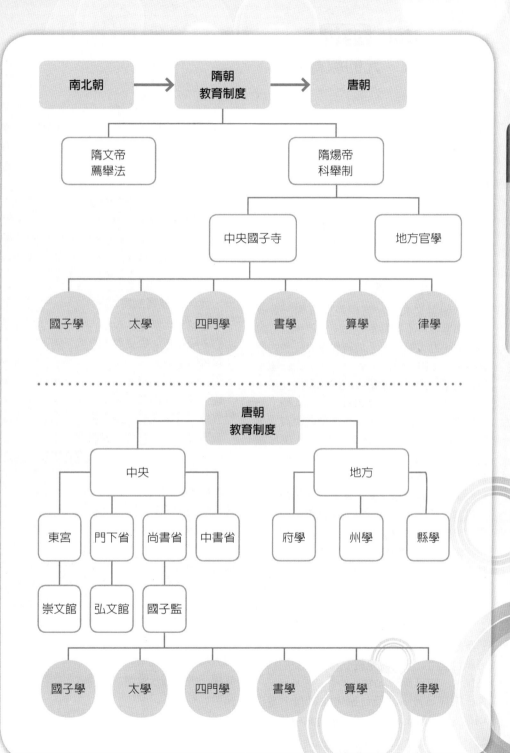

Unit 5-10
宋、元的教育制度

一、前言

　　科舉制度創始自西元605年的隋代，發展成型於唐朝，改良於宋朝，其最大特色即使科舉制度更具「公平性」。宋代雖延用唐朝科舉制度，但大幅改良科舉制度，注重考試的公平性，確立完整的科舉體制。至於元朝則因屬少數民族，其科舉與學校制度則具有鮮明的階級色彩。

二、宋代的教育制度

　　宋朝重文輕武，官學沿襲唐朝，並改良科舉制度，不論財富、聲望、年齡皆可應考，公平性大幅提升，使科舉確立完整的體制。宋代在中央設立國子監，並分設國子學、太學、武學、律學及四門學和廣文館。「國子學」乃國家最高學府，而「太學」乃中央官學的主要形式；中央各部門也設立書學、律學、算學、醫學等，地方官學按照路、州、縣等三級，凡州、縣兩級都設學官，地方行政長官保障教育經費。

　　宋朝承認私學之風，對私學「賜匾」、「賜書」、「賜學田」等，於是書院形成私學、半官辦或官辦私學等多種方式。

　　宋朝的教育政策首重「重振儒術」，甚至有「萬般皆下品，唯有讀書高」的風氣形成。宋朝接著改良唐朝的科舉制度，廢除行卷公薦之法，非常注重考試的公平性，建立「鎖院」（闈場）、「糊名」（彌封）、「謄錄」等防弊措施，連現代的大學或國家考試也延用之，可說是確立相當完整的科舉體制。

　　宋代以後，其他科舉考試科目，多僅剩存空名，進士科遂成為科舉考試中的唯一

科目；宋代的科舉考試分為三級，包括「解試」（州試）、「省試」（由禮部舉行）和「殿試」等。所有的進士，最後一律要經過皇帝所主持的「殿試」，經過皇帝的覆核和決定名次；因此，所有的進士皆是「天子門生」，而非主考官之門生。在宋仁宗時，曾發生一名通過省試，卻在殿試被黜落的考生憤而投奔西夏，自此以後，殿試皆只排定名次，而不會發生考生被黜落的現象。

三、元代的教育制度

　　元朝是少數民族政權，學校制度帶有鮮明的階級特色。中央國學分為「國子學」、「蒙古國子學」、「回回國子學」等三種。首先，國子學的管理實行「積分升齋法」與「貢生制」等兩種。其次，回回國子學招收對象是「公卿大夫」及「富室子弟」，學習「波斯文」，為官署培養翻譯人才。元朝地方按路、府、州、縣等四級設立學校。地方也設立蒙古學，主要學習蒙古字學、醫學和陰陽學等專門內容，目的在於為地方政府培養專門的人才。

　　元朝的科舉取士，共需經歷四個階段，包括「戊戌選試」、「延祐復科」、「至元廢科」和「至正復科」等；元朝以後，朝廷正式以朱熹的《四書集注》為考試命題的標準，並以「八股文體」限制作答，建立起官方儒學的權威。元朝的科舉考試分成兩個試場，分別考明經及德行，蒙古人和色目人一個考場，漢人及南方人一個考場，其中兩個試場的考試題目及難易度亦大不相同，顯見階級色彩相當濃厚。

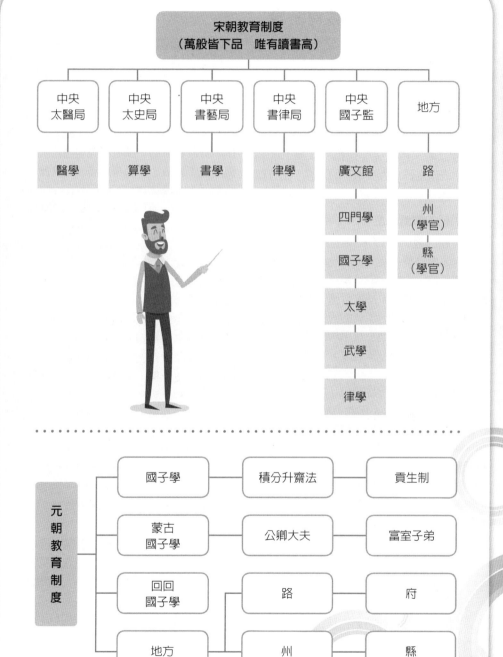

宋朝教育制度
（萬般皆下品　唯有讀書高）

中央 太醫局	中央 太史局	中央 書藝局	中央 書律局	中央 國子監	地方
醫學	算學	書學	律學	廣文館	路
				四門學	州 （學官）
				國子學	縣 （學官）
				太學	
				武學	
				律學	

元朝教育制度

國子學	積分升齋法	貢生制
蒙古 國子學	公卿大夫	富室子弟
回回 國子學	路	府
地方	州	縣

Unit **5-11**
明、清的教育制度

圖解教育社會學

110

一、前言

明朝改良元代的科舉，使制度更加完善，規模也增加，參加科舉的人數大幅增加；明清的科舉與學校結合，故此在參加正式科考以前，考生先要取得「入學」的資格，即成為生員，生員學習的內容，則以四書五經為主。

二、明朝的教育制度

明朝的教育制度，係在元朝的基礎上進行修改與調整，使其更加完備。自明朝開始，國子監、太學、國子學三者名異實同，國子監為中央官學，國家對國子監學生所提供的待遇最為優厚。明朝的國子監擴大教育範圍及對象，中小地主子弟均有機會進入國子監，監生的身分可依金錢，獲得「例監」和「捐監」之身分。

國子監諸生按程度分設「率性」、「修道」、「誠心」、「正義」、「崇志」、「廣業」等六堂，以供生徒聽課、自修及習所。明太祖之初，在全國各府、州、縣及邊防衛所等設學，發達地區甚至出現「村學」；不過，此時的學校教育完全成為科舉的附庸，學習「八股文體」成為最核心的內容。明朝而正式由國家舉行的科考分為三級，包括「鄉試」、「會試」、「殿試」等。

三、清朝的教育制度

清朝的教育制度完全沿襲明朝，變化甚小。清朝的學校和科舉相輔並行，在京畿設有「國子監」、「宗學」和「旗學」等三種，在地方則為「儒學」、「宗學」和「旗學」另成特殊系統，不屬國子監管轄。首先，「國子監」是國家最高的學校行政機關，也是大學生讀書的處所；其次，「宗學」又分成「宗學」和「覺羅學」等兩種，為清廷貴胄學校；第三，「旗學」的種類繁多，分設在京師、滿、蒙等地區，其中大小繁簡也不一致，不過皆為滿、蒙八旗和漢軍八旗子弟讀書的地方。至於地方的學校，只有「府州」和「縣」兩級，在府稱「府學」，在州稱「州學」，在縣稱「縣學」，凡州、府、縣三學，統稱「儒學」，為國家最低及最基本的一級學校。

清光緒31年（西元1905年），科舉制度正式宣告廢除，成立文部院管轄全國教育事務的中央教育行政機關，奠立中央教育行政組織架構的基礎。西元1902年，清政府頒布「欽定學堂章程」（亦稱壬寅學制），乃我國教育史上第一個系統完備的現代學制。但壬寅學制未實施，次年又頒布「奏定學堂章程」（或稱癸卯學制）新學制，「癸卯學制」乃以日本學制為藍本，是我國史上第一個正式頒布並在全國正式推行的學制。該學制分為三段七級，其特點是修業年限特別長，從進蒙養院到讀完通儒院，需要整整30年之久；不過，至辛亥革命後，癸卯學制隨即被廢止。

清末民初（光緒28年至民國10年），我國的教育制度大多仿自日本，多數的書院皆已變成應舉的預備機構，與學習西學為主的學堂相對立；在當時儘管有些新式書院實際上是在教育西方新學，但學堂則似乎代表進步的象徵，而書院則被賦以落後的印記。至西元1901年9月，清朝頒布諭令，令所有書院一律改稱學堂，正式宣告書院和進士科，一起隨著科舉制度而退出歷史舞台。

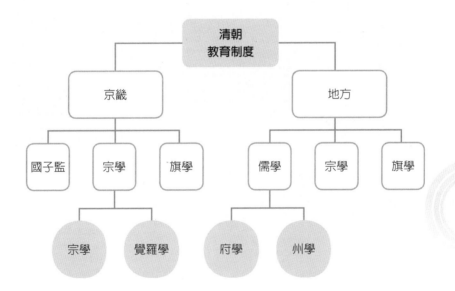

明朝教育制度
（科舉附庸　八股文體）

中央國子監（又稱太學、國子學）	地方（地方設學及出現村學）

率性　修道　誠心　正義　崇志　廣業　府　州　縣　邊防戍所

清朝教育制度

京畿　　地方

京畿：國子監　宗學　旗學

宗學：宗學　覺羅學

地方：儒學　宗學　旗學

儒學：府學　州學

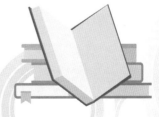

第 **6** 章

各國的教育制度

　　要了解近代各國教育改革之趨勢，必先從了解各國近代的教育制度開始。從比較教育的觀點，來檢視與思考世界各國不同的教育制度，雖琳瑯滿目、五花八門，別具特色，但卻皆仍依循某些法則與因時因地制宜，方能制定出符合其國家需要的教育制度。

　　而各國目前依據現況所實施的教育制度，皆有其優點，亦有其缺點或限制。換言之，沒有任何一種教育制度是最好的，或能完全滿足及解決教育所面臨的問題，只能因應教育的變遷與發展，進行調整與修正。

Unit 6-1
德國的教育制度

一、前言

德國的義務教育年限是到18歲。德國教育的成功，與其提供「免費」的公共教育，具有非常密切的關係。德國教育的「第二進路」特色，非常重視及協助「技職教育」的學生進入高等教育的機會。東西德統一之後，雖對中等教育制度衝擊很大，但因原本一貫的學校制度轉爲實施分流制度，仍然提供學生多元學校類型的選擇與轉換的彈性之機會。

二、德國的教育制度

德國的教育制度是屬於「地方分權制」與「多軌制」，教育並非由中央統籌管理，不同地區有不同的教育制度。中世紀後，德國教育才逐漸發展，起初受教權僅及於貴族、神職人員，隨後才逐漸普及至一般國民，並發展出全民教育體系。以下分別扼要說明各階段的教育制度之特點：

（一）學前及小學教育階段

德國年滿3至6歲可入幼兒園就讀，但學前教育制度非屬於國民義務教育，係由社會局管轄，隸屬社會福利制度；幼教人員的角色，主要是以「保育」爲主，而非「教育」。德國的小學教育係屬於「基礎教育」，入學年齡爲6歲，大部分的小學皆爲四年，只有柏林和布蘭登堡是六年；一般在四年級時，依照成績並與家長討論以決定其未來去向。不給孩子功利的分數成就導向，乃德國小學教育的最大特色，在小學的一、二年級階段，並沒有各科成績單或分數，係以老師的文字評語來作爲學習成果的評量。此外，在小學階段並沒有留級制度，對於低成就學生採取加強措施進行補救教學。

（二）中等教育階段

德國中學階段相當多元化，係依其在校成績表現，分別進入「文理中學」、「實科中學」、「主幹學校」、「綜合中學」等學校。成績最好的進入文理中學，成績一般的進入實科中學，成績較差的進入主幹學校，畢業後進入工廠爲勞工階級。不過，學生在就讀中學時，也可申請在上述三類學校之間轉換。

（三）高等教育階段

要申請進入德國的大學，必須完成13年的文理中學及通過高中畢業考，但因科系有名額限制，申請者的成績也是決定因素；完成12年的實科中學者，可申請進入較注重實習及就業準備的應用技術大學（或高等專業學校）。

三、結論

德國雖在2000年和2003年的PISA成績不佳，但於2004年後持續進行教育改革，實施免費義務教育、多元化的中等教育及分流的高等教育制度等措施；由於德國相當重視教育多元化與分流設計，讓所有學生皆能發揮所長，且持續提升教育績效，而持續受到世界各國之肯定。

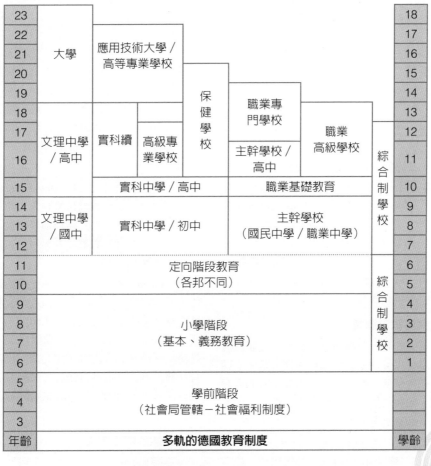

多軌的德國教育制度

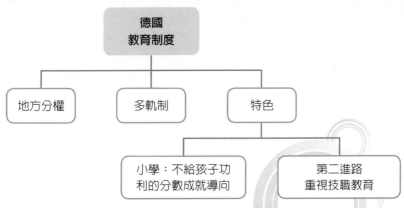

Unit 6-2
英國的教育制度

圖解教育社會學

一、前言

　　英國的教育是「權力下放」的「地方分權制」與「雙軌制」，其教育制度分四個地區實施，法律規定，從5至16歲之間實施免費、強迫、義務的教育。

　　小學階段（primary school）指從5到11歲；中學階段，則從11到16歲；學校採「公立」（state）、「私立」（independent）並行制，並實施「三明治職業教育」，公立提供免費教育，私立則由學生自己負擔學費，各公立學校皆需採用「國定課程」（National Curricum）進行教學，並實施「統一考試」制度。

二、英國教育制度

　　英國的教育行政與立法合一，在學校設置董事會以管理及監督學校運作，基本上四區的教育制度相類似，但蘇格蘭某些的教育制度，則與其他三區有較大的差距。

（一）學前及小學階段

　　英國的小學分成兩個教育階級，即5至6歲的幼兒學校和7至11歲的初級學校。除單獨的幼兒學校與小學外，亦有幼兒學校與小學組合為一學校的「Primary School」。此外，英國的普勞頓（Plowden）報告書，對於英國的初等教育發展具有深遠及重要之影響，即主張學校必須禁止各種體罰。

（二）中等教育階段

　　英國的中等教育機構，包括「文法中學」、「技術中學」、「現代中學」、「綜合中學」；其中，「文法中學」為智力較高、抽象能力強的學生提供學術性課程，以升學為導向；「技術中學」則提供科學及工藝的應用課程，但於1980年代僅剩十餘所；

「現代中學」非屬於文法或技術中學的學生進入此學校；「綜合中學」為綜合文法、技術及現代中學為一體，乃英國政府補助辦理的學校系統中，屬於最多的一類；1982年以後，就讀綜合中學的學生比例都保持在90%以上。

（三）擴充教育階段（Further Education）

　　係指在16歲完成義務教育後，繼續接受的教育與訓練；學生年滿16歲畢業後，可離開學校工作，也可繼續升學。

（四）高等教育階段

　　「Open University」是其大學的教育特色，通常修業需三年時間，但攻讀交替制課程及蘇格蘭學士學位則需四年時間。在羅賓斯（Robbins）報告書中，則建議英國政府應更積極擴充高等教育，因而擬訂出高等教育「雙軌制」（dual system）發展計畫，導致後來多元技術學院（polytechnics）的出現。

三、英國的國定課程

　　英國自1960年代以來，受到外在的全球化浪潮及內在的新保守主義、新自由主義之影響，於1988年實施「教育改革法案」（Education Reform Act），並公布「國定課程」（National Curricum）方案，規定義務教育階段學生的最基本之教育權益，要求各公立學校必須依據國家課程的標準，提供學生學習的課程，而所有的學生在每一個學習階段，皆應達到最低的要求。而此法案及課程的最大特色，即國家介入、國家監督、家長教育選擇權、學校本位課程等，重新建構英國教育體制。

年齡						學齡
23	交替制課程及 蘇格蘭學士學位			一般大學		18
22						17
21						16
20						15
19						14
18	擴充教育 大學預科課程			擴充教育 職業訓練課程		13
17						12
16	私立中學	文法中學	綜合中學	技術中學	現代中學	11
15						10
14						9
13						8
12						7
11	私立學校	初級學校 （小學階段、義務教育）		Primary School （學前&小學階段、 義務教育）		6
10						5
9						4
8						3
7						2
6						1
5	私立前 預備學校	幼兒學校 （學前階段、義務教育）				0
4						
3						
2						
年齡	雙軌的英國教育制度					學齡

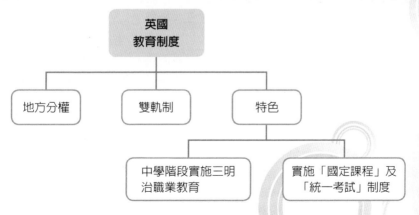

Unit 6-3
美國的教育制度

圖解教育社會學

118

一、前言

美國的教育制度係採「地方分權制」與「單軌制」，實施十二年的免費、強制、義務和普及的國民基礎教育，以確保每位國民均等的入學機會；憲法並未將「教育」列入國家統籌管轄之事務，國家也未擁有建立全國教育制度的權力，因而並無統一的教育體系，其一切的教育政策等事務，則交由各州政府自行訂定與執行（如教師證書由州層級認定與發放，沒有統一的教材），但各州的教育制度仍然大同小異。

二、美國的教育制度

美國的國民基礎教育，將學生分成12級，稱為K-12，即包括六年的「小學教育」（Elementary School）；三年的「中等教育」（Middle School），即初中（Junior High School）；三年的「二級教育」（Secondary School），即高中（High School）。在此階段容許私立學校（即無學區限制、費用較高、小班制、教會經營、老師提供更多的時間照顧個別學生），以滿足多元教育的需求。

（一）小學教育

通常5至7歲開始，學前一年到五年級（K-5），接受小學教育，其基本修業年限分為兩種，其教育非常重視體驗生活，甚至比寫功課還重要！

（二）中等教育

六年級（K-6）至八年級（K-8），接受中等學校教育，以「綜合中學」為主流，此階段對課程的規定最具彈性，中央政府不加以干涉，所開設的課程最具多元性、多樣化，除規定若干必修科目外，廣設適合學生興趣與社會需要之選修課程。

（三）二級教育

九年級（K-9）至十二年級（K-12），共四年，接受二級教育（即高中），此階段係為升學及就業做準備。其課程分成必修和選修，也提供進階、先修（AP）、國際學士（IB）等課程，通常進階課程只提供十一和十二級學生。

（四）高等教育

學生接受完K-12的基礎教育後，可繼續後數年的高等教育，採「彈性」與「開放」的入學制度，乃美國高等教育發展的最重要特色，因其能適應各種不同人之需求；此與歐洲各國的高等教育，只為少數菁英分子服務，有天壤之別之差異。而此特徵乃有其歷史之淵源，如1944年的「退伍軍人法案」、1950年「國家科學基礎法案」、1958年「國防教育法案」、1964年「公民權利法案」和1968年「高等教育修正條款」等，皆為其奠下良好之基礎。

三、結論

2002年美國總統小布希提出「沒有落後的孩子」（No Child Left Behind）法案，作為推動美國教育改革的依據，以進一步提升教育品質。然而，美國的包爾斯（S. Bowles）與金帝斯（H. Gintis）兩位學者，針對美國的教育制度，以「社會再製」（social reproduction）理論，批評美國公共教育制度乃為「資本階級」而設的，因美國的教育制度受到階級背景影響甚大，導致社會分工產生不公平的現象，亦將持續在下一代的社會中出現！

年齡	公立	私立	學齡
21	高等教育（College & University）	私立大學	16
20			15
19			14
18			13
17	二級教育（Secondary School）	私立中學	12
16			11
15			10
14			9
13	中級教育（Middle School）		8
12			7
11			6
10	小學（Elementary School）	私立小學	5
9			4
8			3
7			2
6			1
5	幼兒園（Preschool）	私立幼兒園	
4			
3			
年齡	單軌的美國教育制度		學齡

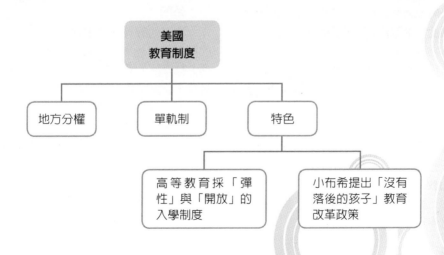

美國教育制度
- 地方分權
- 單軌制
- 特色
  - 高等教育採「彈性」與「開放」的入學制度
  - 小布希提出「沒有落後的孩子」教育改革政策

Unit 6-4
法國的教育制度

一、前言

　　法國的教育制度係屬「中央集權制」與「多軌制」，在中央設「國民教育部」，負責統籌全國各級各類教育事務之實施與推動。由中央至地方，共分成四級，凡與教育有關的法令、政策、課程等皆由中央決定，各地方少有決定權。凡法國公民16歲以前是屬義務教育階段，從6歲起接受初等（小學）教育五年，11歲起接受四年的中等教育，接著再承續普通高中三年或職業學校兩至三年。

二、法國的教育制度

　　法國非常崇尚理性思維與唯智主義，其教育非常重視邏輯思考與公民素養的培育；在啓蒙時代的教育學者曾康多賽（M. de Condercet）曾提出完整的世俗化學校制度，以培養國家公民。而現行學制分初等教育、中等教育及高等教育等三級。在公立中小學任教的教師都是國家公務員，而在中、小學的義務教育階段，則實施嚴格的留級淘汰制度，中等教育年級採倒數制。

（一）初等教育

　　法國的初等教育含學前教育及小學基礎教育，初等教育爲義務、免學費及非宗教性質，由國家統一制定小學課程標準，並強制實施。凡6歲兒童一律必須進入小學就讀，小學修業年限是五年；2000年後的教育改革，強調小學推動外國語文教育。爲消彌社會和教育的不平等，1956年起即立法禁止給國中、小學生課後的家庭作業，規定所有的家庭作業皆必須在學校完成。

（二）中等教育

　　分成四年初中及三年高中（或職業學校），初中階段（中等教育階段前四年），實施性向觀察輔導期，極爲注重學生能力性向試探，並依據其性向輔導其繼續升學或實施職業教育。接著再接受高中三年或職業學校兩至三年。

（三）高等教育

　　法國的高等教育多元化，分爲「大學校」（高等學院）和「大學」，共分成35個「大學區」，負責管理指定地區的大學教育。大學以學術研究爲導向，皆屬公立且無排名，多爲綜合型大學。大學校爲特有的名校系統，以實務教學爲導向，大學校比大學享有更高的聲譽，是法國培育菁英的搖籃。此外，法國也因應《波隆納宣言》所訴求的「歐洲高等教育區」，對其大學進行改革，改採「歐洲轉銜學分制度」及建立學士、碩士、博士三級學位制度。

三、結論

　　法國的教育制度體系，非常重視學生的理性邏輯思考與批判的培養，並將「哲學」教育納入國家教育體制，希望能培養出具有「自由思考」與「批判能力」的人，避免教育淪爲缺乏反思的道德教育、宗教教育或成爲國家統治、馴化人民意識型態的灌輸工具。其次，法國也相當重視社會平等的精神，且充分反映在國中、小的教育制度上，而爲其奠定深厚的良好基礎；此外，彈性及多元化的高等教育制度，不但成爲培育菁英的搖籃，更造就及提升國民整體的素質。

年齡	大學	公立			私立	學齡
		綜合大學	高等專業學院	高等專科院校	私立大學	
20→21	大學	綜合大學	高等專業學院	高等專科院校	私立大學	15
19→20	大學	綜合大學	高等專業學院	高等專科院校	私立大學	14
18→19	大學	綜合大學	高等專業學院	高等專科院校	私立大學	13
17→18	Term or Tle	高中階段		高職階段	私立高中階段	12
16→17	1nde	高中階段		高職階段	私立高中階段	11
15→16	2nde	高中階段		高職階段	私立高中階段	10
14→15	3^{e}	初中階段（實施性向觀察輔導）			私立初中階段	9
13→14	4^{e}	初中階段（實施性向觀察輔導）			私立初中階段	8
12→13	5^{e}	初中階段（實施性向觀察輔導）			私立初中階段	7
11→12	6^{e}	初中階段（實施性向觀察輔導）			私立初中階段	6
10→11	CM2	初等階段			私立初等階段	5
9→10	CM1	初等階段			私立初等階段	4
8→9	CE2	初等階段			私立初等階段	3
7→8	CE1	初等階段			私立初等階段	2
6→7	CP	初等階段			私立初等階段	1
5→6	GS	學前階段			私立學前階段	
4→5	MS	學前階段			私立學前階段	
3→4	PS	學前階段			私立學前階段	
年齡	多軌制的法國教育制度					學齡

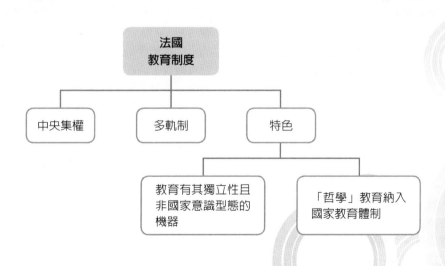

Unit **6-5**
日本的教育制度

一、前言

日本在二次大戰前,其教育制度屬於中央集權制;但在二次大戰後受美國影響,實施「地方分權制」與「單軌制」。日本人堅信,只有教育才能改變貧窮!日本重視全面教育,且教育相當普及,此與明治維新時積極推展「邑無不學之戶,家無不學之人」的教育理念有關。

日本的教育法律規定,實施九年的義務教育,即小學六年及三年的中學教育,目的在為所有的國民提供普及免費的教育,而大部分學生在接受義務教育後,還會繼續進入高等學校就讀。

二、日本教育制度

1947年,日本採用「六、三、三、四」的教育學制模式。日本學校的學年分為三個學期,他們一年有寒假、暑假和春假三個假期。日本的教育非常重視孩子的獨立生存能力、磨礪教育、禮儀教育、獨立人格教育及動手的能力等。

(一)學前及小學教育階段

在日本,3至6歲兒童可接受幼兒園教育,但非免費義務教育。日本幼兒園裡並沒有琳瑯滿目的高檔玩具,因他們強調「以人為本」、「以孩子為中心」的理念,希望孩子發揮自己的潛能,而非變成「科技成品」的奴隸。

而7至12歲,則進入小學接受強制的義務教育,小學生四年級之前並不接受任何考試或測驗,只有一些小單元測試,主要學習在建立良好的禮貌和發展自己的品格,不希望成績禁錮孩子的創造與想像力。

(二)中等教育階段

分為兩個階段,前一階段為「中學校」教育,後一階段為「高等學校」教育。在小學畢業後,接著三年的「國中」之中等教育,亦屬於強制的義務教育;畢業後,可繼續接受三年的高等學校的後中等教育(如我國高中職)、或三年的專修學校高等課程、或五年的高等專門學校(如我國五專)等。

(三)大學教育階段

在日本,無論是綜合大學或單科大學皆稱為「大學」,修業年限為四年;但醫學、齒學、藥學、獸醫學系則為六年,畢業後可取得「學士」學位。另一種短期大學的修業年限為兩年或三年,畢業後可取得「準學士」稱號。另有專門學校,修業年限為兩至四年,畢業後可取得「專門士」稱號。

三、結論

二次戰後的日本教育制度與台灣目前的教育制度非常相似,皆實施九年的義務、免費、強迫的國民基本教育(台灣於2004年實施十二年國民義務教育)。前九年皆未實施分流教育,而在高中階段才開始分流,分成高中、高職、五年制專科、三年制專科等。

不過,日本的升學競爭壓力也相當大,亦舉世聞名。在小四至小六階段,即有部分學生開始上補習班,至中學階段則幾乎超過一半的學生在上補習班!升學壓力讓部分的中小學生幾乎喘不過氣來,而產生所謂「教育虐待」的現象。

年齡							學齡
22	大學	短期大學		專修學校專門課程			16
21							15
20							14
19			高等專門學校		專修學校一般課程	各種學校	13
18	高等學校			專修學校高等課程			12
17							11
16							10
15	中學校階段 義務教育						9
14							8
13							7
12	小學校階段 義務教育						6
11							5
10							4
9							3
8							2
7							1
6	幼兒園階段						
5							
4							
3							

單軌的日本教育制度

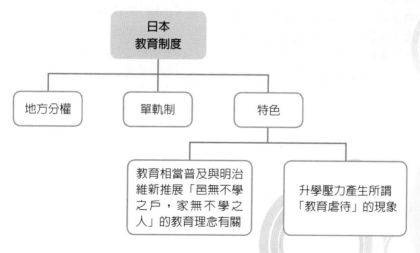

- 日本教育制度
  - 地方分權
  - 單軌制
  - 特色
    - 教育相當普及與明治維新推展「邑無不學之戶，家無不學之人」的教育理念有關
    - 升學壓力產生所謂「教育虐待」的現象

Unit 6-6
大陸的教育制度

一、前言

　　實施共產制度的大陸教育係屬於「中央極權」與「多軌制」；其近代的教育制度，乃依循「欽定學堂章程」（又稱壬寅學制，1902年頒布，但未實施）和「奏定學堂章程」（又稱癸卯學制，1903年以日本學制爲藍本）爲基礎；其後歷經「壬子學制」（1912年南京臨時政府以日本學制爲藍本）、「壬戌學制」（再經北京政府於1922年，以美國學制爲藍本），至1949年新中國成立，亦參照蘇聯教育模式，強調教師在教學思想中的主導性，並逐漸地修改及演變，而形成現行的大陸學制。

二、大陸的教育制度

　　大陸實行「以黨領校」的統一教育學制，基本上分成「初等教育」、「中等教育」（分成初中三年、高中兩至三年兩階段）、「高等教育」（分成專科、本科及研究生）等三階段的「六／三／三／四」制。大陸的教育部掌管全國教育之推動，在省級設教育廳，而省級以下的下級政府單位則設教育局，以管理地方的教育事務。

（一）小學和初級中學階段

　　1986年大陸有步驟地實行九年義務教育，即小學和初級中學階段；但至2007年後，即實行完全免費的九年義務教育。大陸的大多數地區，仍以實施「六三制」爲主，即六年小學和三年初級中學；少部分地區，則實施「五四制」，即五年小學和四年初級中學；但另有一些地區，開始推行「九年一貫制」，即小學和初級中學一貫，避免小學升初中造成的流動，以保持教學的連貫性。

（二）高級階段

　　初級中學畢業後，學生可選擇進入高中階段；而高中可分成「普通高中」（鎮級高中、縣或市的權利高中、省籍的重點高中）和「職業技術教育」（又可分成中等專業學校，又稱中專；除師範外還包括八類傳統職業）、「技工學校」（由企業辦理，又分成職業、普通及成人）和「農業職業高中」。

（三）高等教育階段

　　大陸的高等教育階段，包括「高等職業學校」、「大學專科」（兩至三年）和「大學」（四年）；但高職和大專畢業，無授予學位。大陸的高中生若要進入大學，需經全國性考試的高考階段，其乃進入大學最主要的衡量標準；然而，美國史丹佛大學（Stanford University）經濟學家羅思高（Scott Rozelle）研究指出，大陸的高中生的「批判思維」是全世界最強的，但進入大學兩年後，則失去此一優勢。

三、結論

　　大陸的近代學制有三個明顯的特點，包括注重向發達的國家學習，不是模仿日本，就是抄襲美國。其次，學校的直系和旁系比較完備，各等級之間相互銜接。最後，修業年限逐漸縮短，分段分級更符合普及教育的需要，也更符合學生身心發展規律，爲平民化的教育奠定良好之基礎。

　　現代的大陸教育也面臨「文憑」的過度膨脹、執迷的「應試」教育、推行標準化考試、採用強力的管理手段等諸多問題。其中有些是根本性的問題，如「一黨專政」，有些則承襲歷代民族的考試制度特性，因而進行教育改革也是迫在眉睫。

124

年齡					學齡
21			大學		16
20	高等職業學校（兩至三年）	大學專科（兩至三年）			15
19					14
18					13
17	**普通高中**（鎮級高中、縣或市的權利高中、省籍的重點高中）	**職業技術教育**（可分成中等專業學校，又稱中專；除師範外還包括八類傳統職業）	**技工學校**（由企業辦理，又分成職業、普通及成人）	**農業職業高中**	12
16					11
15					10
14	小學和初級中學教育（義務教育階段）				9
13					8
12					7
11					6
10					5
9					4
8					3
7					2
6					1
5	學前教育階段				0
4					
3					
2					
年齡	**多軌的大陸教育制度**				學齡

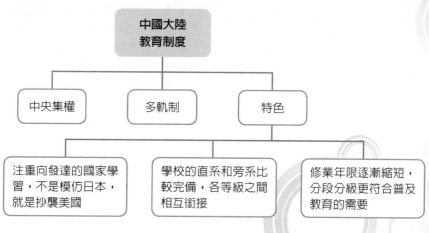

中國大陸教育制度
- 中央集權
- 多軌制
- 特色
  - 注重向發達的國家學習，不是模仿日本，就是抄襲美國
  - 學校的直系和旁系比較完備，各等級之間相互銜接
  - 修業年限逐漸縮短，分段分級更符合普及教育的需要

Unit **6-7**
新加坡的教育制度

圖解教育社會學

126

一、前言

　　新加坡政府以有錢聞名於世，其對教育投資非常重視，且是其施政工作的重點！但非常獨特之處，乃新加坡政府強調其教育經費，並非提供一個「公平」的教育環境，而是塑造一個「競爭」的教育環境。此外，新加坡曾受過英國殖民，其教育制度係在英國的教育制度的基礎上改革而成，與英國相類似，屬於「雙軌制」。

二、新加坡的教育制度

　　新加坡強調「菁英教育」主義，教育向來以嚴格著稱，允許中小學校長或主任在家長同意下，使用公開的「鞭刑」來處罰學生，以達「殺雞儆猴」之威攝效果。一般新加坡的中、小學係採「半天制」，與我國的教育制度相比較，課堂中的課程顯得沒有那麼地繁忙。以下分別簡要說明各教育階段的特色與重點：

（一）小學階段

　　小學階段有六年，屬強制性，分成基礎（小一至小四，課程一律統一）和定向（小五至小六）兩階段；教育的主要目的，在於使學生掌握一定水平的英語、數學和母語，並依照每個學生的個別差異進行教育。新加坡教育長期實施「小四分流」制度，即從小學四年級開始分班，分成EM1、EM2和EM3等三種，雖然已在2008年取消，但仍有許多小學甚至從小一開始即已實施分流制度！新加坡和台灣教育制度最大的不同，在於至今仍實施小六「離校會考」。

（二）中學階段

　　新加坡中學的學制分為四年和五年，其中學可分為「自主中學」（Independent）、「自治中學」（Autonomous）和「政府中學」等三種。小六學生根據離校的會考成績，及各自的能力與興趣，可分別進入「特選」、「快捷」與「普通」等三種課程學習。2004年新加坡開始實施「直通車課程」（IP），亦稱「綜合課程」，乃屬於一個六年制的特別課程，允許成績優異的學生有更多時間參與強化課程。

（三）大學階段

　　中學畢業後憑成績及興趣可分別選擇「初級學院」、「高級中學」及「理工學院」（大專學府）繼續升學，或進入社會工作。其中初級學院的先修課程為兩年制，高級中學則為期三年制，皆屬於大學預備課程教育。

三、結論

　　「人才」乃維繫新加坡競爭力的主要關鍵，新加坡的教育制度頗為複雜且相當成功，並曾獲得中西方的認可，其主要原因在於強調「師智則國智，師強則國強」的教師菁英教育模式。新加坡只有教育部而沒有地方教育行政機關，實行「雙語教學」政策，強調第二外語及國際化的重要性，但同時也保留其傳統和母語。

　　新加坡只有教育部，而沒有地方教育行政機關；新加坡的教育體制自成一體，強調以「學生為中心」的「少教多學」模式，此雖有利每個學生循序漸進地發展自己獨特的天賦和興趣，但其教育素來以學校成績來決定一個人成功或失敗，如此能否真正培養出對社會真正有用的人才，仍值得慎思熟慮。

菁英教育主義！
師智則國智，
師強則國強！

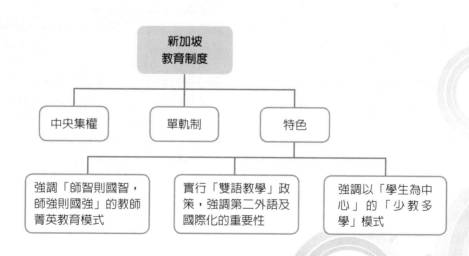

新加坡
教育制度

中央集權　　單軌制　　特色

強調「師智則國智，師強則國強」的教師菁英教育模式

實行「雙語教學」政策，強調第二外語及國際化的重要性

強調以「學生為中心」的「少教多學」模式

Unit 6-8
芬蘭的教育制度

圖解教育社會學

128

一、前言

「芬蘭」，歐洲人稱之為「波羅的海的女兒」！世界各國皆相當稱羨芬蘭的教育，皆希望自己的孩子也能享有像芬蘭的學習氛圍與環境。其教育特色在於中小學皆有統一的核心課程、齊一的教育水準及中小學師資具有碩士學位。

芬蘭乃「社會福利」制度相當完善的國家，其教育制度採「地方分權」及「雙軌制」，實施九年國民義務教育；凡就讀公立學校的學生，從國小至大學，一律免費，並堅持「一個皆不能少」的平等精神。

二、芬蘭的教育制度

何以芬蘭能摘下教育的桂冠呢？關鍵在於芬蘭教育以「教育創新」、「均質教育」與「高素質教師」著稱。在芬蘭教育制度的培養下，不堅持「菁英主義」教育，卻造就孩子們皆能主動問、主動學習、主動思考與尋找答案。以下簡要說明各教育階段的特色與重點：

（一）幼兒及學前（Preschool）教育階段

以0到7歲的孩子為主，以輕鬆自在、非正式的活動方式，讓孩子以玩耍與遊戲的方式，以奠定日後發展成人所需的身心平衡。0到6歲為「幼兒教育與保育」階段，目的在強調幼兒對他人的體貼行為與活動；至於6到7歲，則屬學前教育階段，乃為銜接7歲入學後的正規教育做準備。

（二）基礎綜合教育階段

即7至15歲的學生，不分年級皆在同一所的「綜合學校」（comprehensive school）進行學習，沒有小學與初中之別，九年強制性的義務教育皆在同一所學校完成。

（三）進階中學教育階段

即16至18歲學生，在九年義務教育完成後，可選擇進入非義務性質的高中或技術高中教育階段，以為準備爾後選擇進入大學或應用大學。芬蘭目前全國唯一的標準測試，乃高三學生要參與的大學入學測驗。

（四）高等教育階段

分成一般大學及應用科學大學，一般大學教育專注在研究，給予理論教育，至於應用科學大學則專注在社會所需的工作上及對產業發展有所連結。

三、結論

芬蘭利用三個「E」，即「平等」（Equality）、「教育」（Education）和「環境」（Environment）等，打造出「芬蘭教育世界第一」的美名！芬蘭也非常強調與重視閱讀，曾在經濟合作暨發展組織（OECD）於2000年及2003年的連續兩屆PISA國際評比中，以閱讀、自然科學及數理能力，名列世界第一；也曾被國內有名的《天下雜誌》，譽為最能實踐及兼顧「卓越」與「公平」之理念的教育制度。

芬蘭教育主張要教育孩子面對未知的未來，我們必須先弄清楚「世界發生什麼變化？」、「什麼叫做好的學習？」、「我們想要怎麼樣的未來？」等三個關鍵的問題，可知芬蘭對教育投資相當積極，並以「創新文化、投資腦力」為目標。

年齡	公立		私立	學齡
+2-3	學術性碩士	應用科技碩士	私立大學	17～18
+3-4	學術性大學	應用科技大學		13～16
18→19	高級中學	技術型高級中學		12
17→18				11
16→17				10
15→16	綜合學校（義務教育）		私立中小學	9
14→15				8
13→14				7
12→13				6
11→12				5
10→11				4
9→10				3
8→9				2
7→8				1
6→7	幼兒園（Preschool）		私立幼兒園	
5				
4				
年齡	雙軌的芬蘭教育制度			學齡

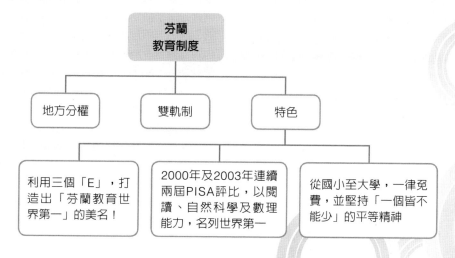

芬蘭
教育制度

地方分權　　雙軌制　　特色

利用三個「E」，打造出「芬蘭教育世界第一」的美名！

2000年及2003年連續兩屆PISA評比，以閱讀、自然科學及數理能力，名列世界第一

從國小至大學，一律免費，並堅持「一個皆不能少」的平等精神

Unit 6-9
台灣的教育制度（一）

一、前言

從台灣的開發史而言，台灣歷經荷蘭、鄭成功、清朝、日本等統治，雖有教育制度之雛形，但直到1949年國民政府遷台後，推動民主化教育制度，以保障「學習權」與「受教權」為核心理念，並有系統、有規模及制度化的建立教育制度，台灣才有目前完備進步的現代化教育制度。

二、台灣教育的簡史

台灣雖歷經荷蘭、鄭成功、清朝、日本等統治，但台灣啓蒙教育的建立尚屬初始階段，而有系統、有規模及制度化的台灣教育制度，則於1949年國民政府遷台後，始逐漸建立完備。

（一）荷治時期

在17世紀30年代乃荷蘭統治時期，傳教士利用羅馬拼音將台灣新港附近的平埔族語言文字化，並利用該文字開堂教授聖經，稱為新港文或新港文書。1636年更開始在新港社創立學校招收平埔族學童，教授新港文、聖經與羅馬字母，開啓台灣啓蒙教育的開端。

（二）鄭治時期

1661年，鄭成功擊退荷蘭人，其部將陳永華於當時的台灣首府承天府，建造台灣第一座孔廟，並在孔廟的左廂內設置太學，為官方出資興辦的求學場所，亦稱為官學或儒學。

（三）清治時期

1683年清朝攻陷台灣，施琅在台灣設立「西定坊書院」，是台灣第一個教育場所，且屬免費的義塾或義學。1704年清廷又在台南設立「重文書院」，是一所具漢人傳統的書院；其後於1683年至1895年，又於台灣設立數十所官辦或官民合辦的書院。

（四）日治時期

1894年甲午戰爭後，日制時期開始，台灣總督府於台北市芝山岩設置台灣第一所小學（即現今台北市士林國小）。1896年設置國語傳習所，1898年國語傳習所升格為公學校，1941年改為國民學校，至1943年全台共有1,099所小學。

三、台灣現代教育制度

1949年國民政府遷台後，開始建立系統、規模及制度化的台灣教育制度，並實施「六／三／三／四」學制。現行學制除國民中、小學為基本、免試、強迫、免費的國民教育外，高級中等以上的教育（含五專），包含「普通教育」與「技職教育」則屬義務教育。而學前幼兒教育為非義務教育，亦未納入學制，但近年來政府積極投入資源，依「幼兒教育及照顧法」提供教育券及普設非營利組織幼兒園，以具體減輕家長育兒負擔，協助5歲幼兒及早入學，使得接受學前教育的幼兒人數逐年增加。

台灣學制系統，學生有兩次重要的選擇與分流點，國中畢業後可選擇高級中等學校或五專就讀，入學方式以「免試入學」為主，「特色招生」為輔；高級中等學校畢業後可參加大學、技術學院與專科申請入學或相關入學考試或甄試。

台灣教育的演進

荷治時期

鄭治時期

清治時期

日治時期

Unit 6-10
台灣的教育制度（二）

一、前言

　　台灣是民主法治國家，教育制度的實施與推動係依法而行，與大陸以黨領政、以黨領校、以黨領軍是截然不同的。《憲法》乃台灣教育制度實施的最高指導原則，如第21條規定人民有受國民義務教育之權利與義務；第159條的教育機會均等原則；第160條規定6到15歲兒童一律接受基本、免試、免費、強迫的國民義務教育；第164條規範各層級政府教育經費的最低比例限制；第167條獎勵私人興學及教育創新等。

二、教育制度的依據

　　台灣於57年實施九年國民教育，並於103年實施十二年國民義務教育，相關的法令相當多，如憲法、原住民族教育法、特殊教育法、兒童及少年福利與權益保障法等。茲將學前、國中小、高中職等教育階段的相關法令，分別簡要說明如下：

㈠ 學前階段：相關之法令包括「幼兒園法」、「幼兒教育及照顧法」、「兒童教育及照顧法」、「兒童及少年福利與權益保障法」等，此即以幼兒為主體、為中心的「幼托整合」，其目的在提供幼兒一致、專業化、綜合性與完備的教保制度服務系統。

㈡ 國中小階段：相關法令包括「國民教育法」、「教師法」、「教育基本法」、「實驗教育三法」（即高級中等以下教育階段非學校型態實驗教育實施條例、學校型態實驗教育實施條例及公立國民小學及國民中學委託私人辦理條例）等，其目的在於健全教育體制，達成有教無類與因材施教，以充分保障學生的基本學習權與受教權。

　　在「國民教育法」中，第3條規定資賦優異學生得縮短一年教育年限、第4條規定得辦理非學校型態之實驗教育、第9條規定校長任期、第11條規定校務會議及校務發展計畫或章則等、第11條規定中小學教師應專任、第12條規定國中小應實施常態編班；又如在「教師法」中，第16條規定教師的權利與義務、第23條規定教師組織分三級、第32條規定教師義務增列擔任行政職務（108年修正）；此外，在「教育基本法」中，第13條鼓勵政府及民間辦理教育實驗的精神，制定「實驗教育三法」，其目的在於鼓勵教育創新與實驗、保障學生學習權、保障家長教育選擇權等。

㈢ 高中職階段：主要依據「高級中等教育法」、「技術及職業教育法」等，其目的在延續及擴大九年國教的成果，發展技職教育實用特色，落實社會公平正義，達成適性揚才，減輕升學壓力及家庭經濟負擔，以奠定未來高等教育階段之基礎。目前此階段入學方式的重要變革，即廢除已實施40多年的聯招制度，而改以多元入學方式，以甄選及申請入學為主、特色招生為輔，以紓緩國中進入高中的升學壓力。

三、結論

　　台灣乃民主法治國家，任何階段教育制度的實施，皆需遵循憲法及相關教育法令，並依法行政，不能因人事之更替而改變，其目的皆在提升教育品質及國家未來競爭力，並落實教育的永續經營與發展。

以幼兒為主體、為中心的「幼托整合」：「幼兒園法」、「幼兒教育及照顧法」、「兒童教育及照顧法」、「兒童及少年福利與權益保障法」。

國中小階段：相關法令包括「國民教育法」、「教師法」、「教育基本法」、「實驗教育三法」（即高級中等以下教育階段非學校型態實驗教育實施條例、學校型態實驗教育實施條例及公立國民小學及國民中學委託私人辦理條例）等

第 7 章

性別議題篇

　　無處不性！自古以來，性別議題即一直以隱而不宣的多元面貌，潛藏存在我們的日常生活中。我們的社會由於受到傳統父權主義之影響，女性在各層面所受之差別對待，也一直有別於男性。

　　當代受世界開放多元先進潮流發展之影響，目前對性別議題之探討，已不僅單純指男女之間是否平等而已，更涉及到自我的性別認同所產生跨性別、多元性別與多元成家等議題。

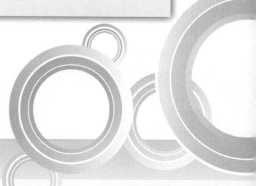

Unit **7-1**
性別歧視

一、前言

聯合國及社會學家經常關注社會是否因種族、語言、年齡、性別、職業、宗教等而受到不平等對待，近幾十年來特別關注在性別方面。而世界各國亦均強調性別平權、男女平等之觀念，在我國亦有「勞動基準法」與「性別工作平等法」等法律的保障，但仍有許多的女性在求職、工作、薪資、升遷等方面，經常受到各種不同的委屈與刁難，某些女性遇到工作歧視，為保住工作而選擇隱忍，不願意申訴。

二、性別歧視是什麼？

性別歧視（sexism or gender discrimination）是一組信念或行為，係基於性別而有的偏見或歧視（prejudice or discrimination based on sex），特別是女人所常遭遇到的差別待遇；性別歧視不只是針對個別女性的偏見，而是偏見加上行使偏見的權力（游美惠，2012）。換言之，性別歧視係因他人的性別差異或權力偏見，而產生厭惡、歧視或差別待遇。

性別歧視可區分為「敵意型」（hostile）與「親善型」（benevolent）兩種，前者主張若女性違反傳統性別角色，則抨擊且懲罰之；後者則傾向於幫助女性，對女性抱持正面情感，但仍以性別刻板印象及固定角色來看待女性，表面上看起來是愛護女性，但其根源卻仍是男性主導的傳統信念，其結果對女性也會構成傷害（黃囉莉，2012）。

三、法律對性別歧視的禁止

「性別工作平等法」對職場工作方面的保障、禁止性別歧視等皆有明確之規範，若有違反相關規定，其規定或約定無效。茲將其分別說明如下：

（一）求職的保障

第7條指出，雇主對求職者或受僱者之招募、甄試、進用、分發、配置、考績或升遷等，不得因性別或性傾向而有差別待遇。

（二）教育訓練的保障

第8條指出，雇主為受僱者舉辦或提供教育、訓練或其他類似活動，不得因性別或性傾向而有差別待遇。

（三）福利的保障

第9條指出，雇主為受僱者舉辦或提供各項福利措施，不得因性別或性傾向而有差別待遇。

（四）薪資的保障

第10條指出，雇主對受僱者薪資之給付，不得因性別或性傾向而有差別待遇；其工作或價值相同者，應給付同等薪資。

（五）離退的保障

第11條指出，雇主對受僱者之退休、資遣、離職及解僱，不得因性別或性傾向而有差別待遇。

（六）其他

在工作規則、勞動契約或團體協約方面，不得規定或事先約定受僱者有結婚、懷孕、分娩或育兒時，應行離職或留職停薪；亦不得以其為解僱之理由。

四、結論

雖然性別相關的法律制度規範漸趨完備，但這些法規多數「看得到卻吃不到」，性別歧視「化明為暗」，依然存在社會的各個角落，尤其傳統習俗的重男輕女觀念，更是陰魂不散。要消除性別歧視問題，仍需社會大眾共同努力之。

女人常在職場上，遭遇到升遷的差別待遇！

升遷

仍有許多的女性在求職、工作、薪資、升遷等方面，經常受到各種不同的委屈與刁難！

謝絕女性

求職聘僱

騙

Unit **7-2**
性別刻板印象

圖解教育社會學

138

一、前言

在過去傳統的社會中，受父權主義的「男尊女卑」、「男主外，女主內」之價值觀影響，一般社會對男、女性應具有何種特質之要求呈現很大的差異。雖然現今社會已逐漸日趨平等，全球已有許多女性擔任領導者的職務且成就斐然；但不可諱言地，在當今的社會中，仍普遍賦予男性擔任領導者之刻板印象，因而在職場上，即使男女的能力皆相同，但男性通常仍有較佳的升遷管道，性別歧視的性別刻板印象，仍是揮之不去的事實。

二、性別刻板印象的內涵

所謂刻板印象（stereotype）泛指對某些「特定群體」或「社會類別」之特性的一種概括性看法，通常大多屬負面、簡化、僵化、先入為主的，但其也無法完全代表這些特定群體或社會類別即皆擁有這樣的特質，如身分的刻板印象有「念理工的男生都很宅」、「公務員皆是泛藍鐵票」等。

刻板印象乃社會文化的產物，有助於我們將群體的主要特徵典型化，幫助我們認識各群體的差異，以降低社會認知的複雜性。但刻板印象若關聯到性別且屬負面的看法，則屬於性別刻板印象（gender stereotype）。

性別刻板印象亦稱「性別偏見」（gender bias），通常係指人們對男性或女性角色特徵的固定印象，它表示人們對性別角色的期望和看法，諸如「女生玩洋娃娃」、「男生玩機器人」、「男主外」、「女主內」、「男生念理工」、「女生念人文」、「男生剛強」、「女生柔弱」、「司機大哥」、「女祕書」等，係屬於「性別角色偏見」。又如「同性戀易得愛滋」、「PUB男同志最愛流連」、「玻璃情人，難逃致命迷思」等，容易造成大眾對同性戀者的歧視，則屬「性傾向偏見」；至於「男女同工不同酬」，則屬「性別工作偏見」；而「show girl」不但含有性別角色偏見，且有「物化女性」的問題。

三、結論

當我們以性別刻板印象預期別人的行為與表現時，則容易窄化視野，讓我們看不清楚事實的真相；而性別刻板印象對男性或女性產生約束與控制時，則會使個人的自我發展受到相當的限制。

學校與家庭乃形塑孩童性別刻板印象的主要場所，即促進兒童早期性別社會化的場所。換言之，性別刻板印象並非生理性別的結果，而是社會文化環境的結果；孩童經由觀察及模仿父母、教師的行為，而學習到性別刻板化的態度，並經由傳播媒體、教科書的強化過程，而加深其觀念，強化其行為。

在國小階段6至12歲的孩童，已開始發展「性別角色的刻板印象」（sex-role stereotypes），並意識到性別角色的差異，兒童會將周遭重要他人對性別角色的期待，融入在自我的概念中，不但會影響孩童的親子關係、同儕關係及心理健康，且亦會影響遊戲、同伴選擇及就業選擇等行為。

傳統性別偏見
對女生的角色期待——
女生不可以玩玩具，當
違反時會受到指責！

傳統性別偏見
對女生的角色期待——
女生玩洋娃娃、穿裙
子！

Unit 7-3
性別主流化

圖解教育社會學

140

一、前言

「性別主流化」（Gender Mainstreaming, GM）是近年來全球婦女福利的指導方針，乃世界發展之趨勢，帶動婦女相關政策的成熟。此一詞首度於1985年奈洛比舉行的聯合國第三屆世界婦女大會中提出，並於1995年聯合國於北京召開的第四屆世界婦女會議中通過的「北京行動宣言」及「北京行動綱領」，正式宣示以「性別主流化」作為各國達成性別平等之全球性策略。

性別主流化不但是一種策略，更是一種價值。此宣言即宣示世界各國致力提升婦女地位的機制應該是「中央層級」，其定位不論是諮詢性質或是執行性質，層級應越高越好，如此才能影響該國家的施政方針與理念。

二、性別主流化的內涵

「性別主流化」希望各國政府的計畫與法律，要具有性別觀點，並在作成決策之前，對男性和女性的可能影響進行分析，以促使政府資源配置，確保不同性別平等獲取有效參與社會、公共事務及資源取得之機會，以達到實質的性別平等。

性別主流化重視資源分配的合理性，其策略乃是一項全面性、系統性的過程，其目的在於評估立法、政策與方案等有計畫性的行動，其行動於所有範疇、所有層次中對男性與女性所產生的影響。性別主流化並非強調男女並無性別之差異，在傳統的兩性平權取向，主要係以婦女為意識喚醒的對象，而在實務層面的工作對象，並不以婦女為對象，而是以政府機構的公務員及國際開發組織人員為對象。

性別平等是文明國家的指標之一，我國於2005年開始積極推動性別主流化工作，以性別統計、性別預算、性別影響評估、性別分析、性別意識培力、性別平等專案小組運作為主要推動工具，以協助各部會分階段逐步落實性別主流化政策。而在此潮流發展之下，「性別主流化」這個詞彙，目前似乎已有逐漸取代「婦女權益」、「性別平權」的趨勢。我國「民法」親屬編陸續刪除冠夫姓、從夫居、從父姓等法規的不當內容，主要亦是呼應性別主流化的發展趨勢。

三、結論

性別主流化是全體人類的議題，人本教育的一環，乃當前世界各國推動性別平等的核心策略。當在推動性別主流化時，不能將社會政策需求，化約為單一性別思維，其亦需要有科學方法和分析工具，以確保所訂政策沒有成見。

此外，對於婦女不平等的處境，應放在更寬廣的「性別關係」議題架構下來審視與行動，且應要將性別觀點帶入公共事務中，成為從規劃到執行均需具備的主要元素。

總而言之，性別主流化的特徵，大致包括：性別主流化是一項「策略」，希望把女性的經驗與觀點完整呈現在過去為男性主導的範疇；性別主流化也是一種「過程」，致力於評估立法、政策與方案對男性與女性所產生的影響；性別主流化亦是屬於「絲絨革命」之一，希望能改造組織性別文化與教育決策者。

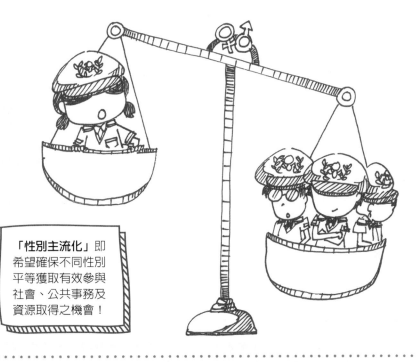

「性別主流化」即
希望確保不同性別
平等獲取有效參與
社會、公共事務及
資源取得之機會！

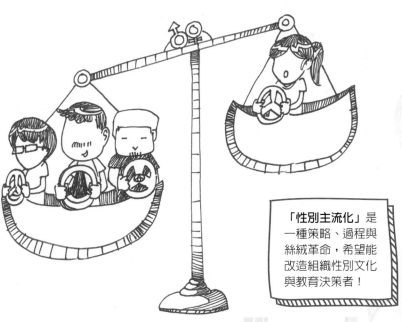

「性別主流化」是
一種策略、過程與
絲絨革命，希望能
改造組織性別文化
與教育決策者！

Unit 7-4
職場的性別議題

一、前言

　　雖然聯合國及世界各國的發展趨勢，皆強調現今的社會要落實性別平權，男女平等，但環伺社會的職場工作環境，女性仍然經常受到各種不同的差別待遇、委屈與刁難，甚至許多女性在求職與工作時處處碰壁，飽受各種性別歧視。2014年《遠見》雜誌調查，女性在職場最常受到的五種委屈，分別是「生理假限制過多」、「覺得女性不夠專業」、「職場性騷擾」、「懷孕女性求職困難」、「升遷機會不平等」等（魯皓平，2014）。

二、促進職場性別工作的規範

　　2002年所公布的「性別工作平等法」，第1條開宗明義即指出，「為保障性別工作權之平等，貫徹憲法消除性別歧視、促進性別地位實質平等之精神，爰制定性別工作平等法。」該法其他條文亦指出，「不得因性別或性傾向而有差別待遇！」

　　為落實性別平等及建立公平的職場環境，該法第四章第14條至25條的「促進工作平等」之措施中，也訂出具體促進工作平等的相關條文，茲說明如下：

（一）可申請「生理假」、「妊娠假」、「產假」、「陪產假」、「育嬰假」、「育嬰留職停薪」、「哺乳時間」、「調整工作時間」、「家庭照顧假」等：在該法中分別規定，女性可請生理假，配偶分娩時的陪產假，夫妻雙方皆可申請育嬰留職停薪，子女未滿1歲需親自哺乳的

哺乳時間與家庭照顧假等。

（二）保障當事人的申請權利：該法第21條特別規定，「受僱者依前七條（即14條至20條）為請求時，雇主不得視為缺勤而影響其全勤獎金、考績或為其他不利之處分。」同時，該法第26條也規定，若當事人因申請這些假而受有損害者，雇主應負賠償責任。

　　上述這些規範，其目的即希望以法律公權力的強制性，有效減少因性別差異而造成工作職場的不平等差別對待。身為現代的女性，應該有別於傳統女性勇敢地站出來，捍衛自身的權利；身為現代的男性，則該以尊重的態度，建構更平等、尊重與關懷的職場工作環境，因為職場並非以男性為中心的工作環境。

三、職場的新趨勢——性別翻轉中

　　雖然我國傳統社會的父權主義思想根深柢固，認為女生就是柔弱的，應在家相夫教子，不應在外拋頭露面。而相對地認為女性從事內勤或相對靜態工作的意願較強，不過104人力資料庫的分析，近年女性主動應徵外勤業務工作的比例大增，甚至主動挑戰主管職（林珮萱，2016）。

　　換言之，隨著現今社會的性別意識高漲，各行各業和職務的類型已逐漸走向多元，也逐漸顛覆傳統的性別分工的刻板印象。現今社會的職場工作環境，已逐漸在打破性別的刻板印象，並有越來越多的女性可以自信地說，以前只有男人能做的，現在我也做得到！

女性也可以當總統

公司、機關皆應設置哺乳室

爸爸也可以請陪產假與育嬰假

Unit 7-5
性別與語言溝通

圖解教育社會學

144

一、前言

　　無論過去與現在，從語言溝通角度來探討性別議題，似乎相當罕見！性別權力的不平等，也具體展現在日常生活的對話上。尤其在傳統以男性為主的父權社會，對女性在語言上的貶抑與調戲較多，以女性為主的字彙或用詞則較男性為少，以語言與性別的研究相較下也為數不多，而此皆間接暗示女性語言遜於男性語言，女性地位遜於男性地位，女性語言為「弱者語言」等觀念（Lakoff, 1975）。

二、語言的使用與溝通之性別歧視

　　語言的使用具有建構自我及發展認同之作用，亦與價值觀、意識型態有非常密切的關係，它常常以一種稀鬆平常的面貌，在我們的日常生活中運作，然而，我們卻時常忽略這些語言所隱含的歧視與暴力，如「他老婆是外籍新娘啦！」、「你看她一副男人樣就知道能力很強啦！」、「你看這個人一副不男不女的樣子！」等。

（一）語言使用

　　在一般社會大眾所使用的語言中，經常顯露出性別的不平等，尤其對女性存在性別的偏見與歧視，茲將其分別說明如下：

1. 以男性為主的用詞：使用指稱男性的代名詞作為男女通用的代名詞，使女性受到忽略。如英文中的freshman（新生）、mankind（人類）、chairman（主席）、policeman（警察）；中文中的「父慈子孝」、「兄友弟恭」、「公告」等，將女性隱形、邊緣化、矮化、甚至醜化。

2. 名詞定義過於狹隘：日常所使用的名詞，存在男女不對等的地位。如稱「警察叔叔」、「司機大哥」、「總機小姐」、「農夫」、「褓母」等，特別明顯存在某種職業性別的刻板印象。

3. 使用輕蔑用詞貶抑女性：使用某些用詞，對女性具有負面貶損之意，使女性遭受貶抑。如英文中的「mistress」由女主人變成情婦或妾，「madam」由女士變成老鴇；華語中的「公主」、「公關」則被染上色情行業之色彩。

（二）語言溝通

　　通常女性使用的語言溝通之特性，包括語彙、語音及語法等三方面，說明如下：

1. 語彙方面：使用「精細色彩」的字彙，如「灰棕色」（beige）、「水綠色」（acquamarine）、「薰衣草紫」（lavender）等。其次，善於「表達感受」（讚許或仰慕），如「太美妙了」。再者，使用誇張、戲劇化語彙。最後，使用加強語氣詞（intensifier），如「太……」（so）、「很……」（very）的大量使用。

2. 語音方面：女性通常喜好使用語尾上揚語調，即使在直述句或問答亦是如此，意在徵詢或希望對方認可。其次，不使用粗字或以「去世」（passed away）代替「死」（died），以彰顯其禮貌舉止。

3. 語法方面：常使用附加問句，如：「好不好？」「對不對？」及模糊限定詞的「似乎」、「好像」，而降低語言的確定性，使女性呈現優柔寡斷及削弱言談的力量。

將忽略女性的詞Policeman改為中性字詞的Police

將忽略女性的「公告欄」改為無性別歧視用語的「布告欄」

今天我們去吃火鍋好不好嘛？
（語調上揚）

女性通常喜好使用語尾上揚語調，即使在直述句或問答亦是如此，意在徵詢或希望獲得對方的認可！

Unit 7-6
性別與媒介

146

一、前言

　　並非媒介影響我們的文化，而是我們即生活在媒介的文化中！大眾媒介的「炒作」與「強化」主流的價值觀和意識型態，在青少年性別社會化的建構過程中，扮演著重要的資訊和角色。一般的大眾媒介（media）經常慣性地「強化」、「再現」、「複製」傳統社會文化的性別刻板印象，經常在媒介中提到「事業線」、「女強人」、「瘦身」、「豐胸」、「show girl」等具有「物化」及「商品化」女性的廣告比比皆是，更值得我們玩味與檢視。

　　而且在大眾媒介出現的廣告中，所呈現的男性大都是主動的、有活力的，而女性則是從屬的，是被動、安靜、年輕、貌美、消極、優柔、溫馴、順從、依賴與無能力等，經常複製傳統的性別刻板印象與價值觀，也蘊含權力與支配的意識型態，並合理化為性暴力的對象和目標，此一現象非常值得我們深思與探討！

二、媒介的再現

　　大眾媒介並非獨立及孤懸在真空中，近年來拜資訊網路科技發達之賜，及受到全球化、集團化及商業化之影響，大眾媒介也趨於多元化，除傳統的電視、電影、網路、報紙、雜誌等主流媒體之外，臉書、line、推特等非主流媒體論述之影響，亦不容小覷。

　　通常一般的閱聽人在建構或解讀媒介意義時，會呈現「偏好性解讀」及「另類的解讀」等兩種方式，至於會選擇哪種方式，則端視閱聽人所處的社群網路與詮釋社群而定

之。

　　大眾媒介訊息是組合符號語言的建構過程，在現代社會中具有「社會／文化體制」及「經濟體制」的雙元特性。因此，當大眾媒介再現「性別」與「性意識」的刻板印象時，若流於狹隘、侷限與宰化時，則可能危害到學生的性別及人格發展，甚至扭曲其價值觀。

　　一般在探討大眾媒介再現的研究中，主要以「反映論」與「建構論」兩個觀點最受關注。反映論係以鏡子的角度，去映照、反射真實世界所呈現的內容，主要運用量化的內容分析方法來調查所呈現的性別角色。而建構論則強調性別真實的意義不是存在那裡而已，其意義是被人的社會活動、語言符號等所建構的，也因而主張媒介其實是一種意識型態宰制的工具，會直接或間接的受到各種政經結構之影響。

三、結論

　　我們日常生活在各種影音重重堆疊之下，各種媒介如影隨形，並無法避免受到它的衝擊和影響。因此，培養學生（或閱聽人）的媒體識讀（media literacy）能力，從對媒介的製碼與解碼之過程中，進行辨識、分析、評估與批判，了解自己對媒介訊息的接收與解讀，媒介訊息如何被製造出來，分析媒體的本質及使用的技術（語文、圖像），評估媒介受到哪些力量（或利益）的影響，進而能發揮監督大眾媒體或建立傳播資訊的能力。

大眾媒體不斷地「強化」、「再現」、「複製」傳統社會文化的性別刻板印象！

大眾媒介也趨於多元化，除傳統的電視、電影、網路、報紙、雜誌等主流媒體之外，臉書、line、推特等非主流媒體論述！

Unit 7-7
性別與流行文化

一、前言

現代的社會拜資訊科技媒體發達之賜，使我們無論身在何處，皆無時無刻不被周遭的流行文化所包圍。然而，這些流行文化的內容，卻經常以「男女有別」、「非男即女」的性別意識型態，自然地出現在我們的周圍。

當流行文化以性別化的方式成為日常生活的一部分時，我們即容易忽略其是在特定的歷史脈絡下，因某種利益而被製造出來，並滲入到日常生活之中；流行文化不只是製造或消費性別再現的主要場域，同時也是不同性別意識型態抗爭的場域（楊芳枝，2012）。

二、台灣流行文化的再現

不同的流行文化團體，譬如美容美體產業、國家機器或婦運團體等，會想辦法在媒體上爭奪「曝光率」，來呈現、複製對其有利的性別形象，並希望這個性別形象能攫取大眾的「首肯」（consent），成為流行文化的主流或霸權（楊芳枝，2012）。

台灣在1960年代，依賴女性在家從事低薪代工或無酬家庭工廠女工的角色，在電視流行文化或女性雜誌方面，即教導女性成為賢妻良母的傳統女性角色，以建立幸福家庭和強壯的國家（Yang, 2008）。

在1980年代，台灣歷經解嚴、言論自由、經濟自由化和婦女運動，逐漸引進以女體為主的「性廣告」（sexual advertising）與女性性論述的雜誌，重新建構「新女性」之定義（Yang, 2004）。

到了1990年代，電視台逐漸引入國際資本，及有線電視合法化和電視節目製作成本節省考量之下，台灣的電視台充滿了給不同年齡層與社經地位的女性看的戲劇，包括《意難忘》、《東京愛情故事》、《冬季戀歌》、《慾望城市》等紅透半邊天的節目（楊芳枝，2012），重新建構「未來新女性」之定義。

由此可知，不管社會潮流如何演變，我們所認知的「男人」、「女人」，皆是社會流行的文化、語言、符號、影像一再及反覆所建構的，而讓我們產生理所當然的「男人」和「女人」。

三、結論

媒體再現提供我們理解世界的語言概念，以及建構自我認同時所需的文化資源（楊芳枝，2012）。當我們在思索大眾媒體再現時，不能只看到大眾媒體表面上所呈現之影像，應該深入探討個體對這些影像所產生的認同，並視為具有生產力的再現實踐。例如，當個人認為「我是有氣魄及有個性的男生」時，可能會使用當下流行的文化產品，如使用悍將刮鬍刀以證明我的「氣魄」和「個性」。

雖然大眾媒體在（再）建構的過程中，可能有些差異或不同，在建構的過程中也常常充滿矛盾，甚至不同的生產脈絡也會生產出不同的性別形象與關係，但卻提供我們重新定義性別及性別關係改變的機會。

拜資訊科技媒體發達之賜，大眾流行文化的內容，經常以「男女有別」、「非男即女」的性別意識型態，自然地出現在我們的周圍！

流行文化再現女性角色

1960年代	1980年代	1990年代
▶ 賢妻良母 ▶ 低薪、無酬、代工等角色 ▶ 傳統女性角色	▶ 解嚴、言論自由和婦女運動 ▶ 新女性時代	▶ 電視引進國外資本 ▶ 不同年齡層與社經地位的電視劇 ▶ 未來新女性

Unit 7-8
多元性別議題

圖解教育社會學

一、前言

《遠見》雜誌（1999）指出，當男人不只是男人、女人不只是女人，性別變得「有性無別」，趨向「模糊化」與「越界化」，奶爸當家不稀奇，英雌當道人人誇，破除雌雄藩籬，將帶給人類更大的自由與更多的可能性。

在現代社會開放、自由的風氣潮流之下，「同性戀」、「雙性戀」、「變性」等早已不是令人難以啓齒的議題。面對未來可能「男是女、女是男」的現象時，我們應該以怎樣跨越界限的新思維來面對，值得我們慎思熟慮！

150

二、何謂多元性別？

多元性別，亦稱「性別光譜」，係指性別的意義詮釋，並非僅只是「非男即女」的概念而已；換言之，不應只包含出生時的遺傳特質──「生理性別」，更應包含其他諸如「性別認同」、「性別氣質」、「性取向」等層面之概念。

（一）生理性別（biological sex）

即所謂的「生物性別」，係指單從生物學的角度區分個人的生理特徵之差異，如區分男性、女性之別。

（二）性別認同（gender identity）

意指「心理性別」，即生理爲男性，但性別認同取向爲女性；或生理爲女性，但性別認同取向爲男性。

（三）性別氣質（gender quality）

指個人的性別人格之特質，又稱「社會性別」，即個人或個性中帶有陽剛氣質（masculinity）或陰柔氣質（femininity）。如陰柔男性、陽剛女性。

（四）性取向（sexual orientation）

指個人對特定性別的持久性情感、浪漫與性吸引力。通常性取向可分成「異性戀」、「同性戀」與「雙性戀」等三種。

傳統性別文化的「男尊女卑」、「男剛女弱」、「男主外」、「女主內」、「父慈子孝」、「兄友弟恭」等思想，係單以「生理性別」的思維來區分，不免陷入「異性戀思維」、「父權意識型態」、「性別分化主義」、「性別刻板印象」等兩難困境。

當傳統文化的生理性別──「男女有別」的異性戀思維，碰上現代的「性別越界」、「有性無別」的差異思想時，或許以「了解差異」、「看見差異」並「尊重差異」之觀點，才是我們爲促進社會和諧應走的王道思想！

三、結論

性別光譜是問題？或歧視？或誤解？或事實？或思維？或框架？面對社會多元價值的爭論，顚覆男女的二元思維，打破性別的限制框架，沒有女孩或男孩的玩具，只有孩子愛玩的玩具，我們應該尊重其個人自由價值的選擇，不應受到傳統文化的束縛，才能讓我們的下一代擁有完全自主的機會。

不管「多元性別」將被如何定義，當別人不認同時，更要勇敢做自己！性別平等即強調性別後天角色的立足點平等與機會平等，讓每個「人」不因其「生理性別」、「心理性別」、「社會性別」或「性取向」爲何，皆可獲得相同之機會以充分發展自己的能力、自我成長，並爲社會貢獻一己之力。

多元性別光譜

我看起來像……

性別氣質　　　生理性別

多元性別

性取向　　　性別認同

我喜歡的是……

我生下來是……

我覺得我是……

類別	屬性		
男同志角色	哥哥	光譜地帶（不區分）	弟弟
男同志性角色	1號	光譜地帶（不區分）	0號
女同志角色	T	光譜地帶（不區分）	婆
女同志性角色	主動	光譜地帶（不區分）	被動
異性戀伴侶角色	丈夫	光譜地帶（？？？）	妻子

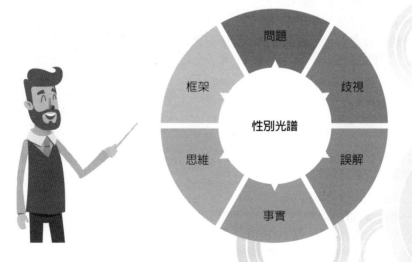

問題

歧視

誤解

性別光譜

事實

思維

框架

Unit 7-9
性別平等教育

一、前言

推動性別平等教育（gender equality education），首先必須引導學生對多元文化社會產生覺知、信念與行動，建立多元文化觀念，並透過持續不斷的反省實踐，教導學生認知個人的成長發展，與社會文化脈絡有著密不可分的依存關係，並培養自尊自信。此外，基於對多元文化與多元價值的肯定，教導學生了解團體成員之間彼此如何形成價值、態度與行為，並引導學生破除「性別歧視」、「性別偏見」與「刻板印象」，以促進各族群的和諧共處之目標。

二、性別平等教育的課程目標

依照「國民中小學九年一貫課程綱要重大議題（性別平等教育）」的課程目標，國民教育階段的「性別平等教育」整體課程綱要，係以下列三項作為核心能力，並建構各階段之能力指標。茲將其分別說明如下：

（一）性別的自我了解

了解性別在自我發展中的角色，以培養健康的自我概念。其概念包括「身心發展」、「性別認同」、「生涯發展」等。

（二）性別的人我關係

探討性別發展與社會文化互動的關係，以建立平等的人我互動關係。其概念包括「性別角色」、「性別互動」、「性別與情感」、「性與權力」、「家庭與婚姻」、「性別與法律」等。

（三）性別的自我突破

發展積極的行動策略，以建立和諧、尊重、平等的性別關係。其概念包括「資源運用」、「社會參與」、「社會建構的批判」等。

此外，學校應設性別平等教育委員會，研發並推廣性別平等教育之課程、教學及評量。國民中小學除應將性別平等教育融入課程外，每學期應實施性別平等教育相關課程或活動至少四小時。而其相關課程則應涵蓋情感教育、性教育、同志教育，與「性侵害防治法」所規定之內容。

三、學校如何推動性別平等教育

近年來一般學校在推動「性別平等教育」的實務工作方面，似乎仍以校園的「性騷擾或性侵害案件」之處理為主，經常忽略積極面向的教育扎根工作之推動。其實在學校教育實務工作的推動上，若能整合「認知」、「情意」、「行動」等三層面，或許可發揮事半而功倍之效，有效減少此方面之問題。茲將此三層面說明如下：

（一）認知方面

教導學生理解性別意涵、性別角色的成長與發展，認知社會文化的多樣性，並能探究性別與社會文化的關係，以破除性別偏見、歧視與刻板化印象。

（二）情意方面

鼓勵學生積極參與社會團體，尋求社會資源，以發展正確的性別觀念與價值評斷，建立解決問題的能力。

（三）行動方面

引導學生探究性別權益相關議題，培養學生批判、省思與具體實踐的行動力，並進一步批判社會所建構的性別不平等現象，尋求突破之道，以促進各族群的和諧共處。

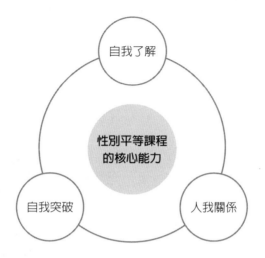

自我了解

性別平等課程
的核心能力

自我突破　　　　　人我關係

· ·

學校如何推動
性別平等教育

認知方面	情意方面	行動方面
理解性別意涵、性別角色的成長與發展，認知社會文化的多樣性，並能探究性別與社會文化的關係。	積極參與社會團體，尋求社會資源，以發展正確的性別觀念與價值評斷，並建立解決問題的能力。	探究性別權益相關議題，培養學生批判、省思與具體實踐的行動力，並進一步批判社會所建構的性別不平等之現象。

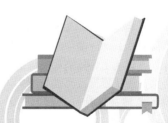

Unit **7-10**
性別議題的爭議

一、前言

在「性別平等教育法」的施行細則中，提到性別平等教育應涵蓋「情感教育」、「性教育」、「同志教育」等課程，以致力提升學生之性別平等意識。其次，「性別工作平等法」中也規定雇主對於求職者之招募，不得因性別或性傾向而有差別待遇。但自古以來，在傳統的「父權主義」為主的社會體系中由於受到「性別刻板印象」之影響，性別議題即常在社會中，成為爭議與對立的觀點！

美國哈佛大學前校長桑莫斯（Lawrence Summers）曾說：「女性在學術上的表現不如男性，是因為大腦差異的關係」，引起爭議並下台，此即屬於典型的「性別刻板印象」之爭議！

二、性別議題的爭議

在我們社會文化體系下，由於一些價值、觀念、態度或組織的偏差所造成某些的人為障礙，促使與性別有關議題之爭議，層出不窮且屢見不顯。茲舉三個現象將其分述如下：

（一）職場的性別爭議

係指在職場上因某些跟「性別」有關的原因而被歧視，此方面的爭議包括「同工不同酬」、「升遷不公」、「職業性別歧視」、「勞動參與率」、「招募限制」、「單身條款」、「懷孕歧視」、「職場性騷擾」等。傳統上皆認為領導權應屬於男性，使得女性無法獲得與男性有同樣公平競爭的機會，此種女性升遷的無形障礙，則稱為「玻璃天花板」。

（二）教科書的性別爭議

在教科書內容中，強調「男尊女卑」、「男女有別」、「反同志」、「異性戀霸權」、「恐同症」、「性別光譜」等，此內容即具有「性別意識型態」；或因未將性別平等教育詮釋清楚，而誤解成「性放縱」、「性別錯亂」或「不當教材」之教育，即很容易產生爭議。

因此，除應針對「課綱研訂者」、「教科書審定委員」及「教科書編者」等三方進行溝通及積極建立共識外，也應針對不同教育階段教材內容之適齡性、妥適性及正確性強化審查，才能避免這些爭議不斷發生。

（三）同志議題的爭議

在過去受到「性別偏見」的影響，「同志」議題是禁忌，導致許多同志朋友不敢對外界承認自己是同志，直到近年社會越來越開放多元，願意了解「同志」是什麼的群眾才日漸增加。

三、結論

近年來各國的同志運動，皆有以抗爭、媒體、遊說等方式，積極在爭取自身的「工作權」、「平等權」及「婚姻合法化」，也有越來越多國家賦予同性婚姻合法，包括美國、英國、南非等，代表「多元性別」時代的來臨。同性戀雖然不是新鮮話題，卻是永遠的議題，而在此方面的爭議，則包括「教科書內容爭議」、「恐同症」、「婚姻合法化」、「男同志等同愛滋」等。

招募限制：限女性

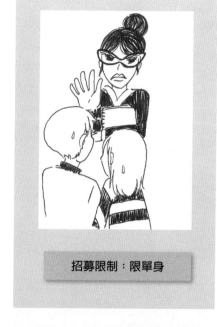

招募限制：限單身

職業歧視：懷孕

職業歧視：騷擾

第 **8** 章

教育社會學的重要議題

章節體系架構

　　自古以來的社會學家們曾主張「學校即社會之縮影」、「教育即社會化」，即將教育視爲社會制度的重要一環，並運用社會學的原理原則，來引導我們了解教育是如何在社會制度中實施與運作，甚至指出未來的研究方向。

　　以社會學的研究方法，探究教育如何在社會制度中實施與運作，或許可能限制教育的任務或活動之執行。然而卻可增加教育的穩定性，減少教育社會行動的隨意性，提高教育的預測性。

Unit **8-1**
社會變遷與教育

圖解教育社會學

158

一、前言

　　任何教育問題的產生，均隱含著強烈的社會意義。社會變遷與教育之關係相當複雜，教育可能成為社會變遷的主因，亦可成為社會變遷之結果，兩者互為因果關係。如國家主政者因其意識型態，而有獨特的教育目的，也常成為社會變遷之主因。

二、社會變遷與教育之互動

　　社會不斷地在變遷，知識、科技、生活與價值亦皆不斷在改變或提升，相對的也影響著教育；教育不應僅止於傳遞社會文化遺產或反映社會變遷之事實而已，更應肩負起推動社會進步的動力。我國自古以農立國，在農業時代，日出而作、日入而息，主要運作過程為種植、採收、運輸、分配等，所需的工作知識或技能也相當地簡單與單純，因此社會、經濟、教育等之發展相當地穩定。

　　但進入工業社會時代，其特徵是大量生產並以機械取代人力，主要的運作過程為生產、加工、處理、工廠製造、裝配組合、市場行銷、運送及服務等。通常自農業變為工業社會，會以一定的速率擴充其教育系統，教育及個人需求、工作人員所需，在知識和技巧也不同，教育變得更專業、更具技術性、需要更具溝通技巧和數學能力，且要能隨著技術的設備或過程更新而改變。因此，甚至需要更普及中小學教育，提供更好的教育課程與內容，包括技職教育。

　　到了資訊科技時代，高度工業化發展之都市發展更神速，電腦取代人力以控制機器，更需要更高深的科技知識與技能，且更需要強調創意與創新。

三、教育之革新

　　近幾十年來教育革新從未間斷，但教育問題始終環繞在「考試領導教學」，卻忽略教育本質見樹不見林的半套教育改革，如近幾年實施的多元入學方案，不但未能減輕學生及家長之壓力及負擔，反而更不利於弱勢族群學生的學習。

　　我們正處於快速變遷的世界中，面對未來的不確定性，「聯合國教科文組織」（UNESCO）、「經濟合作暨發展組織」（OECD）、「歐盟」（EU）等均大力推動終身學習，且重視以「素養」（competencies）為核心的教育革新，以回應不斷改變的外在環境。

　　聯合國教科文組織（1996）提出「學習社會」（learning society）的五項支柱，包括「學會與人相處」（learning to live together）、「學會追求知識」、（learning to know）、「學會做事」（learning to do）、「學會發展」（learning to be）、「學會改變」（learning to change）等，將知識、技能與情意的素養導向，逐步深化與落實到教育結構的環節之中，或許在資訊科技時代中才能達到真正的教育革新。

四、結論

　　面對急遽變遷的社會，若要取得21世紀的競爭優勢，成功主要關鍵在教育。面對未來的新教育，應「以學生為中心」，不只要教導學生新知識，更要教素養，並將知識、技能轉變成能力；教育更應該掌握社會的脈動並與時俱進，以為每個人創造機會，使個人可以自主的因應社會變遷和需要，作適性的選擇與調整。

社會變遷與教育之互動

農業社會時代，日出而作、日入而息，主要運作過程為種植、採收、運輸、分配等。

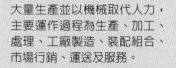大量生產並以機械取代人力，主要運作過程為生產、加工、處理、工廠製造、裝配組合、市場行銷、運送及服務。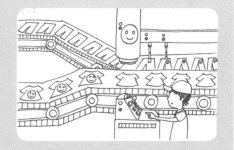

高度工業化城市，電腦取代人力以控制機器，更需要更高深的科技知識與技能，且更需要強調創意與創新。

Unit 8-2
十二年國教爭議

圖解教育社會學

160

一、前言

　　十二年國民基本教育（簡稱十二年國教）乃已研議近30年的公共教育政策，在經過政府與民間的長期討論、研議下，終於在103學年度開始實施，其目的即希望能夠解決當前國中教育的問題，協助弱勢學生成長，紓解升學壓力，以「提升中小學教育品質」、「成就每一個孩子」、「均衡城鄉教育發展」、「追求社會公平正義」、「培養現代社會素養公民」與「厚植國家競爭力」之目標。

二、十二年國教的歷史脈絡

　　全國的教師團體、家長團體等於2008年，向總統候選人馬英九提出延長國教的呼籲；2009年7月，全國家長團體聯盟在台北舉行萬人大遊行，要求政府立即宣布推動十二年國教，並自101年起實施。經過長期的討論、研議及社會各界積極爭取下，並在第八次全國教育會議中，形成十二年國教的共識。馬英九總統正式於100年元旦宣布，十二年國教自103學年度起實施。

　　十二年國教分為「九年國民教育」及「三年高級中等教育」，前者與現行九年國教一致，屬強迫、義務、免費的教育，但後者因考量社會需求、教育體制及實際的需求等，在性質與內涵上，則與前九年有所不同，故以「普及」、「自願非強迫入學」、「依一定條件採免學費」、「公私立學校並行」、「免試入學」為主（教育部，2011）。

　　十二年國教的入學方式，採「免試入學」為主，「特色招生」為輔；特色招生占總名額25%以下，免試占75%以上。自103學年度起，整合兩種方式，先辦理免試入學，再舉行特色招生；而「特色招生」又區分為「甄選」及「考試分發」等兩種。

三、十二年國教之爭議

　　十二年國教改採「免試入學」、「特色招生」的雙軌制，希望學生在無考試壓力下進行適性學習，以落實學生「適性選擇」與「就近入學」之原則，並打破明星高中的迷思，而如此真能解決實際的問題嗎？茲分析如下：

（一）以會考取代基測，能達成「紓解升學壓力」嗎？

　　103年國中教育會考，與過去國中基測考試科目並無不同，差異只在考試結果不再採計級分制，整個會考設計，僅是基測之變形，對紓解升學壓力並無實質功效。

（二）以免試入學，即可打破「明星高中」之迷思嗎？

　　標榜免試入學，但某些明星學校當登記人數過多時，則需進行「超額比序」，而在比序項目中，最關鍵的即是教育會考成績。如此免試精神不但無法達成，考試競爭反而更加激烈！

（三）免試入學，能解決高中職學生異質性問題嗎？

　　面對同一班學生的素質差異擴大，教師如何調整教學與適應，面臨相當考驗！

（四）逐年降低特色招生比例，真能保有學校特色嗎？

　　當特色比例下降時，各高中職不再有特色差異，則形成為沒有差異化的學校。是否應有最低門檻之限制，以保障各種特色的發展空間？

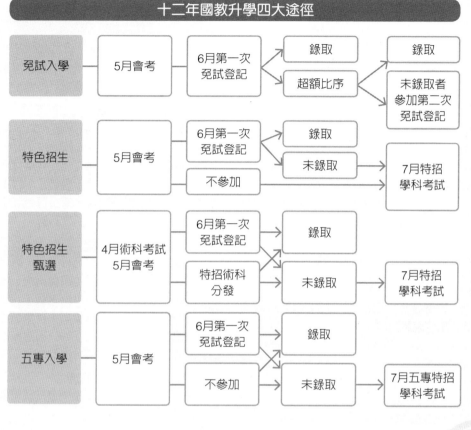

十二年國教升學四大途徑

免試入學	5月會考	6月第一次免試登記	錄取 / 超額比序	錄取 / 未錄取者參加第二次免試登記
特色招生	5月會考	6月第一次免試登記 / 不參加	錄取 / 未錄取	7月特招學科考試
特色招生甄選	4月術科考試 5月會考	6月第一次免試登記 / 特招術科分發	錄取 / 未錄取	7月特招學科考試
五專入學	5月會考	6月第一次免試登記 / 不參加	錄取 / 未錄取	7月五專特招學科考試

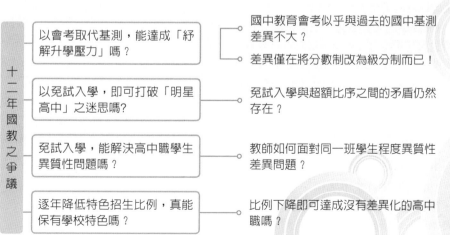

十二年國教之爭議

- 以會考取代基測,能達成「紓解升學壓力」嗎? — 國中教育會考似乎與過去的國中基測差異不大? / 差異僅在將分數制改為級分制而已!
- 以免試入學,即可打破「明星高中」之迷思嗎? — 免試入學與超額比序之間的矛盾仍然存在?
- 免試入學,能解決高中職學生異質性問題嗎? — 教師如何面對同一班學生程度異質性差異問題?
- 逐年降低特色招生比例,真能保有學校特色嗎? — 比例下降即可達成沒有差異化的高中職嗎?

Unit 8-3
108課綱爭議

圖解教育社會學

162

一、前言

2018年的十大教育新聞，課綱爭議排名第一！108學年度實施的課綱，強調「素養」導向，本於全人教育的精神，以「自發」、「互動」及「共好」爲理念，以「成就每一個孩子——適性揚才、終身學習」爲願景。然而，未上路前即新聞話題不斷，諸如「性別同志教育的爭議」、「社會科的統獨爭議」、「歷史課綱的去中國化爭議」、「國文的文白比例之爭議」等，來自四面八方的爭議，令人霧裡看花，摸不著頭緒！

二、108課綱之內涵

課綱是每一個階段、每一個學科或領域，學生應學到的「最低教育內容標準」，及「至少應具備的能力」。108課綱的實施特別強調「素養」（literacy），即一個人適應現在生活及未來挑戰，所應具備的「知識」（knowledge）、「技能」（skill）與「態度及價值」（attitudes & values）三者，簡稱爲「愛思客」（ASK）。

108課綱的素養概念，並非推翻九年一貫所強調的「能力」內涵，反而具有豐富與落實能力之內涵。易言之，素養是能力的進化版。核心素養強調學習的多面向，學科知識不再是學習的唯一範疇，除彰顯學習者的主體性，結合情境之學習，重視學習者能整合所學並運用於生活情境中。

三、108課綱之爭議

108課綱在百家爭鳴中，由於各自解讀，卻也掀起不少爭議；其中國、英、數等主要學科必修學分降低，本土語傾向列爲必修，部分理工領域教授爲此大爲反彈，此現象則主要顯現知識權力的爭奪！茲將爭議部分，扼要分述如下：

（一）高中國文的爭議

媒體報導高中新課綱爭議，如「文言文比例降至30%以下」、「刪除中華文化基本教材的四書」、「刪除文化經典選材」、「推薦選文降爲10篇」等，引起「學校不教文言文，學生準備補國文，家長荷包又要大失血！大學教授要跳腳！」等話題。

（二）大學考招的爭議

大學端認爲：「學測考科變少，難以鑑定學力，選修課恐淪爲掛羊頭賣狗肉，課綱改革將名存實亡？」而高中端主張：「學生花很多時間準備學習歷程檔案，負擔加重，且有洩露個資隱私之虞？」如何因應調整，以存異求同化解歧見，仍有努力空間。

（三）課綱審議委員的爭議

課審委員組成遭踢爆比例違反課程審議會組成及運作之規定，擔任國家教育研究院或教育團體擬訂課程綱要草案的成員，人數超過各分組審議委員的五分之一。雖然後來有依法改聘，符合程序正義原則，但重審課綱期程或多或少已受到影響。

（四）社會科「統獨問題」之爭議

高中歷史課綱爭議與調幅頗大，政治的統獨爭議，是否納入國二的社會教材，老師們意見則相當地兩極化，學生們亦相當地無奈與迷惘！教或不教之爭議，似乎沒有止息現象。

新舊課綱之差異

1968年 九年國民教育	2001年 九年一貫	2019年 十二年國教
學科知識	基本能力	核心素養

108課綱之爭議

高中國文 的爭議？	「文言文比例降至30%以下」、「刪除中華文化基本教材的四書」、「刪除文化經典選材」、「推薦選文降為10篇」等

對大學 考招新方式 的爭議？	大學端認為：「學測考科變少，難以鑑定學力？」
	高中端主張：「學生花很多時間準備學習歷程檔案，負擔加重且有洩露個資隱私之虞？」

課綱審議委員 組成的爭議？	課審委員組成遭踢爆比例違反課程審議會組成及運作之規定？

社會科的 「統獨問題」 之爭議？	高中歷史課綱爭議與調幅頗大，政治的統獨爭議，是否納入國二的社會教材，老師們意見則相當地兩極化？

Unit 8-4
英數雙峰現象

一、前言

「會考,英數雙峰仍在!」(國立台灣師範大學,2018)「台生成績『雙峰化』,英、數3分之1不及格!」(TVBS,2018)「城鄉差距大,會考英數成績雙峰化!」(國語日報,2015)從這些聳動標題,確實令社會大眾相當憂心。太難的課程或評量,可能會打擊學習低成就及落後學生的自信心,讓他們被迫變成教室裡的客人!

二、英數雙峰的概念

英數雙峰現象即「好的更好,差的更差」之「兩極化」現象。從國中的基測或會考得知,每年皆約有三成比例的學生,在英文、數學是待加強的C級程度,即未達基本學力的門檻;亦有約兩成比例的學生,在英數方面是精熟的A級程度。

經濟優勢的家庭,往往會要求老師進度要教快一點、多一點;而中下階層的家長,則往往是沉默的大眾,兩者的學習落差則可能會出現相當大的鴻溝。雖然各國中、小皆積極進行減C的「補救教學」(remedial instruction),然而卻無法在短時間內看到具體的成效,不過基層教師們的努力,仍然相當值得肯定。

三、雙峰現象的因素

相關學者或論述,探討雙峰現象產生的因素非常的多,本文以二分法概念,僅從「教育因素」與「非教育因素」(王麗雲,2014)等兩者,分析討論並說明如下:

(一)教育因素

即學校的師資、教材、教學方式、學習動機、教育期望、學習信心和學習成就感等因素。如偏鄉國中生的學習低落,可能因專任師資欠缺及外在情境和刺激不足,導致學生失去學習動力;以及教師流動性大,無法長期而穩定的教導學生等(國語日報,2015)。其次,老師教學方式若能活潑多元化,也可激起學生的學習動機或興趣,而非只是把課程教完而已。此外,常態編班的教學現場,變成雙峰化的發展場域,教師既要兼顧前段的學生,也要關注落後的學生,著實心有餘而力不足!

(二)非教育因素

主要是「經濟弱勢」層面,此則與社會整體財富分配的「M型化」有關。其次,「城鄉差距」的問題,也會影響學生的英數學習表現;都會地區的文化刺激及資源皆比較多,而偏遠地區則相對較少,當然英數的學習表現較不理想。

四、結論

「教育乃國之根本,師資興則國家興!」要減少雙峰現象,教師的教學才是重點。另依美國學者蓋聶「學習階層理論」(learning hierarchy)的學習心理之內在條件,主張要有效地減少英數雙峰現象,則教師在教學設計中,應特別重視學生的「先備知識」,方能有效引起學生的學習興趣。

其次,教師應可進行「差異化教學」(differentiated instruction),即針對班級學生英語能力的雙峰現象,先進行評估學生的「學習需求」,再從「學習環境」、「課程內容」、「教材」、「教學設計」、「行為管理」、「情緒/心理」等六個層面,規劃調整課程的特定範疇和提供多元的可能方案或教學方式,最後並監控學生進步情形和評估調整課程方案的成效,方能幫助學生達到成功學習之目標。

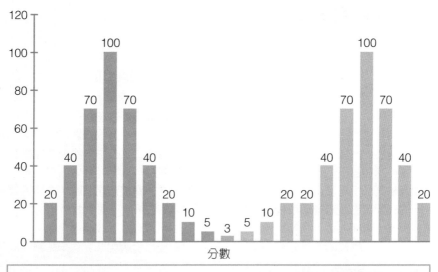

英數雙峰現象，呈現好、壞集中於兩側，即好的更好，差的更差！

影響雙峰現象的教育因素

師資水準

學習動機

學習信心

教學方式

Unit 8-5
教育商品化

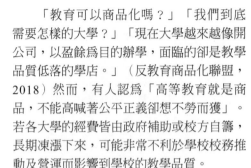

圖解教育社會學

166

一、前言

「教育可以商品化嗎？」「我們到底需要怎樣的大學？」「現在大學越來越像開公司，以盈餘爲目的辦學，面臨的卻是教學品質低落的學店。」（反教育商品化聯盟，2018）然而，有人認爲「高等教育就是商品，不能高喊著公平正義卻想不勞而獲」。若各大學的經費皆由政府補助或校方自籌，長期凍漲下來，可能非常不利於學校校務推動及營運而影響到學校的教學品質。

二、教育商品化之內涵

商品化係指將原本不能當作商品販售的東西，在「自由市場」上當作商品來販售；而教育商品化，即「教育市場化」、「教育企業化」或「教育產業化」之概念，當「資本自由主義」的「市場邏輯」之消費概念，逐漸擴散到教育領域中，將教育當成商品，以滿足學生的客製化爲需求，自由地在市場上販售、消費與競爭，並以營利爲目的，即是教育商品化之思維！

以教育爲例，如到處林立的補習班，即是一個鮮明的例子；又如，部分家長將教育視爲商品，從消費者角度出發，認爲老師只是提供服務者，動輒干預學校，遇到不稱心之事，即投訴校方，對校長或老師提出許多無理之要求。另外，如大學調漲學費、榮譽學位授予（有償性）、學校與企業的產學合作或利用教學、研究及其他校園活動謀取經濟利益的作法等。

三、思辨教育商品化

依照「教育邏輯」而言，教育的基本價值與特質是不容忽視的，教育應具「公共性」、「普及性」的概念，教育之目的在促進受教者的獨立自主，希望知識能普及並促進階級流動，以提升社會大眾的基本知能；然而，當教育被市場化時，其功能當然會受到很大的影響，並且大打折扣。

那「教育該不該商品化呢？」「私立學校能否成爲學店呢？」「學生應否成爲提款機呢？」「要如何保障學生的受教權呢？」反教育商品化聯盟經常以「高生師比值」、「學生宿舍不足」、「刪減開課時數」、「大量不續聘不具本職兼任教師」、「經常申請調漲學雜費」等指標，來評估某些公私立大學的「學店經營大學排行」（反教育商品化聯盟，2018），卻不斷引來這些學校的批評與喊冤，並要求教育部對「學雜費調整鬆綁」、「招生名額鬆綁」等。此種兩極化意見的擺盪，似乎尚無定論。

四、結論

一般人談到教育，皆讚賞北歐、德國的大量公立學校、低學費之政策，卻對英、美的階層分明、資源集中菁英私校的系統，視爲不利社會流動，且爲加深貧富差距的主因。某些論點也認爲，「義務教育」如同民生必需品，而「高等教育」就像奢侈品或選購商品，若有需要即應該付出代價。

所謂「眞理越辯越明」，任何政策或觀點的爭論，皆有其正、反的意義與價值之存在。經由上述的論述與思辨，或許可以讓我們更釐清教育未來應走的方向！

教育商品化

學生＝提款機？

學生＝受教權？

教育＝國際化？

私校＝學店？

思辨教育商品化

教育商品化的哲學反思

▶ 教育該不該成為商品化呢？
▶ 私立學校能否成為學店呢？
▶ 學生是否應成為提款機呢？
▶ 如何保障學生的受教權呢？

反教育商品化聯盟的質疑

▶ 高生師比值過高？
▶ 學生的宿舍不足？
▶ 刪減開課的時數？
▶ 不續聘不具本職兼任教師？
▶ 經常申請調漲學雜費？

Unit 8-6
少子化與教育

一、前言

根據最新「世界人口綜述」（World Population Review），在全球200個國家出生率排名中，台灣以1.218個孩子的出生率敬陪末座（TVBS，2019）。

少子化發展趨勢，使得國家的勞動人口減少，經濟成長停滯，城鄉差距加劇，對社會、經濟、教育與政治等影響頗大，甚至已是國安問題，不能不妥善加以因應！

二、少子化是什麼？

吳清山、林天佑（2005）指出，少子化（the low birth rate）係指每名婦女平均出生率低於2人以下，孩子出生越來越少的一種現象。我國自1960年出生率5.75人，即開始往下發展，至1983年平均出生率為2.1人，2009年為1.03人，於2010年降至0.895人為最低，於2017年為1.125人（內政部，2019）。

近幾年來我國的出生人口數及出生率屢創新低，我們正與世界其他先進國家一樣面臨少子化的問題。而「少子化」現象所造成的影響不只是教育而已，如招生不足、裁併校、流浪教師、超額教師等；也反映國家和社會的經濟負擔加重，對各方面的衝擊也將日益加劇，諸如人口老化、學校教育、親子互動、人際關係、家庭教育、社會安全、經濟發展等。

三、教育對少子化的因應策略

少子化發展趨勢已是無法擋，其對教育的衝擊是最明顯與直接的，但危機就是轉機，學校可以進行創新及策略聯盟等策略，以因應此發展趨勢：

（一）創新轉型，發展精緻特色

教育資源重整、閒置空間運用、學校經營精緻化、教育內容多元化、結合學校與社區，由量的擴充轉為質的提升。

（二）策略聯盟，增強競爭優勢

資源共享、人力整合、交流互惠、多元發展、提升效能，以提供學生學習機會，促進教育機會均等，增加學校優勢競爭力。

（三）活化教學，提升教學品質

師資的交流，實施個別化與差異化教學，提升教育人員專業發展。

（四）師生人數，調降師生比例

調整師生比，國小教師編制員額由每班的1.5人提高至2.0人，國中則由2.0人提高至2.2人以上。在降低班級人數方面，由目前每班29人，降至更低的25人，目的在使教師的教學更能充分照顧到每位學生，亦可有效紓解超額教師的壓力。

（五）多元開放，語言文化多元

順勢開放引進多元語言與文化之觀摩與學習，將教學導向符合自身專長與特色的方向，凸顯學校之辦學特色，塑造學生成為多元文化的創意者，以吸引學生。

四、結論

我國少子化問題，已是一個不可逆轉的趨勢，我們應積極思維如何為下一代創造一個更能實現自我潛能的優質學習環境，若仍然駐足在傳統學校教育的經營思考模式，終將會被大環境的變化所淘汰。

降低師生比，教師可以
充分照顧每位學生！

小班的教學，可以增加
師生互動的機會！

個別化的教學方式，學生可
以獲得適性發展的機會！

多元化的教學方式，開
展學生的多元智能！

Unit 8-7
AI與教育

圖解教育社會學

170

一、前言

「AI時代，就是現在！」（聯合報，2018）隨著AI機器人的出現，AI熱潮不滅，它已經漸漸地改變人類的生活，也為我們帶來許多的便捷。可預見的未來，AI的技術將取代人類50%的工作。嶄新的人、機協作時代，一些大量重複、可量化、不需複雜思考的工作，將由機器取代。

伴隨著AI機器人不斷地創新發展，我們也逐漸地加深對它的依賴，如政府、企業或執法機關的背景調查常會運用AI技術，未來AI機器人也必將更智慧化與人性化，並會有強化學習的技能，必然將對教育的實施產生重大的影響與改變。

二、AI是什麼？

AI即人工智慧（artificial intelligence）的簡稱，係指讓機器具備和人類一樣的思考邏輯與行為模式，由美國科學家John McCarthy在1955年提出，目前應用廣泛，不管在什麼領域皆應用得到，也是改變未來各種工作的關鍵技術。AI可提供機器學習、自然語言處理、辨識、預測與決策，AI也讓我們從重複性、低技術的工作中解放，近年也陸續應用在餐飲旅館、聊天機器人、AI廚師、無人車、醫療長照等領域。

在現階段，AI尚無法進行跨領域思考，不擅於處理抽象、主觀、沒有標準的相關工作，諸如藝術、歷史、頂尖管理及跨領域者等。然而，不適合AI做的事，人也不一定適合。因此，目前及未來世代之年輕人必須積極探索，確認個人興趣與天賦，選擇擅長又願投注熱情的工作，發揮自身不可取代的創新與創意之能量。

三、AI在教育的重要性

傳統教育受詬病之處即在於太過乏味，伴隨著AI的出現，未來教育可能會有更多的選擇性，教師將會有更多的時間診斷學生學習效果或障礙，父母對孩子的教育將承擔更大的責任，家長對孩子的教育會有更多的控制權，目前傳統教育的背景也將會迅速改變或被顛覆。

將AI應用在教育上，除可解開教育框架、翻轉與創新教學，更能釋放更多元之創意。諸如可採集學生表情，長期記錄學生的學習狀況，並隨時告知父母及老師，提供教師客製化的教學內容，沒有標準化的考試，並可進行跨界或自由學習等。

然而，教育的費用也會轉換到AI上，學生可能會錯過教師的「隱性」知識，諸如解決問題的能力和批判性思維。

四、結論

「給孩子魚吃，不如給釣魚竿！」未來教育思維除了給孩子釣魚竿之外，不如讓孩子知道魚有多好吃，讓他自己想辦法釣到那條好吃的魚。

而未來AI教學輔助系統若能兼重過程與結果，在教學上必須超越現行單純傳遞知識模式，扮演更具智慧、互動及多元化的教學輔助角色，提供「問題導向式學習」（problem-based learning）或「沉浸式」（immersion）模式的學習環境及「模擬」（simulation）的環境等特點，或許未來教育更充滿想像的空間。

掃地機器人

汽車自動駕駛

AI機器人
時代來臨！

智慧電視

智慧冰箱
&
電燈

機器人操控
工廠及設備

Unit 8-8
全球化與教育

圖解教育社會學

172

一、前言

「沒有一個國家是孤島！」即代表全球化（Globalization）乃當代地球村的重要現象，它改變、調整與消除各國之間各種自然和人為的疆界，也促進「國與國」、「人與人」之間的貿易、往來、資本投資、人口流動與知識的傳播，也對世界各國的政治、軍事、經濟、社會、文化及自然環境等造成重大影響；但這些因素卻也同時反過來作用於全球，而造成許多問題，諸如全球暖化、水和空氣汙染、漁業資源的過度捕撈等環境挑戰。

二、全球化是什麼？

由於科技、資訊、傳播與媒體的進步，使得我們生活的世界成為一個無遠弗屆、天涯若比鄰的「地球村」（如在台灣的超市能買到他國農產品、到處都有麥當勞等）。因此，隨著全球化時代來臨，全球教育（global education）更顯其重要性，其重要內涵則應包括「了解全球歷史」、「對跨文化的理解」及「人類信仰與價值觀」等。

面對全球化趨勢，綜合各家學者看法，在教育上，我們更應提供學生的能力包括「跨國際語言溝通能力」、「跨文化的認知與理解」、「發現與解決問題能力」、「論述全球議題與解決能力」、「自主學習與批判的思考」、「團隊互助合作的能力」等。

三、反全球化是什麼？

西方學者早已指出「全球化就是美國化」，當代「全球化」其實是一種美國民族主義。「全球化」雖為我們帶來許多的好處，刺激國際交流及貿易，增加進出口國家經濟福祉，但也激化反全球化運動的誕生。

如世界各地皆有反全球化人士的示威、抗議，如法國反全球化人士威脅，要以關閉境內的麥當勞等跨國企業，來宣示他們反全球化的意圖。

反全球化運動又稱「地球正義運動」，也稱為「另類全球化運動」，反全球化運動並非反全球化本身。並非全部的人皆肯定全球化的發展，近幾年來反全球化運動越演越烈，其不支持全球化的原因，乃擔心全球化會使各國間的貧富差距更加嚴重。

四、反思全球化及對教育之影響

從文化跨國化的趨勢來看，全球化的潮流可顯「多元文化的差異與價值」，互動頻繁增進「對不同族群文化的了解」，也學得「欣賞不同文化」，經濟發達國家可以將「強勢文化推銷至世界各地」等，皆屬全球化所隱含的多元化意義。

有三種思考取向，有助於釐清全球化的深層問題；第一，「超全球論」認為全球文化深受美國流行文化和西方消費文化的影響會趨於「同質性」；第二，「懷疑論」將全球化和區域化當作兩個衝突的概念，認為全球化是一種迷思；第三，「轉化論」不贊成將全球化分成第一世界對第三世界或南對北之宰化思維。

此外，近年來全球化趨勢對教育改革產生的影響也相當廣泛，諸如「五年五百億邁向世界頂尖大學計畫」、「各國對移民教育的重視」、「推動教育私有化或教育市場化政策」、「重視成就測驗與跨國比較」、「發展全球公民教育」、「促進多元文化教育興起」等，這些因全球化所產生的影響，不容忽視或等閒視之。

面對全球化挑戰
應有的相對能力

跨國際語言
溝通的能力

團隊溝通及
互助合作
的能力

跨文化的
認知與理解
能力

自主學習與
批判的思考

發現與解決
問題的能力

論述全球
議題與解決
能力

全球化　　　　反全球化

反全球化運動並非反全球化本身，而是擔心「全球化就是美國化」！

反全球化運動又稱「地球正義運動」，也稱為「另類全球化運動」。

Unit 8-9
新移民及其子女與教育

圖解教育社會學

一、前言

　　台灣自1987年解嚴以來，來自大陸（約63%）、越南（約19%）、印尼（約6%）、港澳（約3%）、泰國（約2%）、菲律賓（約2%）等外籍新住民的人口比例不斷增加，使人口結構產生重大的變化。依照內政部移民署2018年的統計，已超過65萬人以上。

　　政府也提供國人多元文化學習的機會，以打造共榮、共生和諧的社會。因為在台的新住民及其子女，未來亦是我國與其原生國交流的尖兵，也可成為鏈結台灣與新南向國家關係的重要優勢。

二、何謂新移民與新移民子女（foreign born Taiwanese）

174

　　內政部移民署（2019）指出，1990年代後從國外來到台灣結婚或移民定居，並取得中華民國國籍的人，稱為新移民。新移民係相對當地居民而言，泛指從外國移民到台灣定居的人，又稱新住民；其皆是因為工作、婚姻或是求學等關係，而遷移到另一個地區居住。

　　而新移民子女係指父親或母親是外籍人士，但實際上居住在本國之國民。由於此種國民人口數量明顯增多，其在台灣的新出生人口比例在整體新出生人口逐漸加重，因此有一稱為「新台灣之子」（教育百科，2019）。

三、新移民及其子女面臨之問題

　　新移民的移入，確實舒緩目前台灣所面臨的少子化危機，但也帶來新移民的一些生活適應、認同與教育等問題。早期我們常以「外籍配偶」來稱呼來自台灣以外地區，嫁到台灣的配偶；事實上這個詞，隱含著負面及貶抑的意義。

　　隨著新移民人數不斷攀升，他們常面臨之問題包括「生活適應」、「就業」、「學習」等問題；而其子女在教育上可能面臨之問題，則包括「國語文學習」、「文化適應」、「學業表現」、「本身自信」、「學習態度」、「人際溝通」等，其所衍生的教育或社會問題則是不容忽視的。

　　目前移民署針對新移民的生活適應輔導服務項目中，與教育有關的包括「推廣生活適應輔導班級活動」、「充實輔導內容、教材與教學方法」、「加強種子教師跨文化培訓」；並鼓勵家屬陪同參與「推廣新住民多元文化」、「辦理新住民相關文化活動」、「推動與新住民母國之文化交流」、「加強新住民及其子女教育規劃」等，或多或少能協助或減輕這些遠渡重洋嫁到台灣的新移民所面臨的一些問題。

四、新移民及其子女與教育

　　近幾年來隨著新移民子女的就學人數不斷增加，政府相當重視新住民及其子女的教育並投入鉅資，以改善就學的教育環境、課程內容與師資等，希望能為新移民子女創造更公平的教育機會與學習環境。

　　政府為讓學生了解多元文化的差異與不平等，推動及實施「多元文化課程」，學習尊重與包容異文化；其次，從107學年度起，將把新住民語納入國小必修課程，以提升語言溝通學習與生活適應之能力。再者，辦理多元文化活動，以增進本國與新移民及其子女間的互動與了解。

中國大陸　越南　印尼

其他　新住民的人口比例　港澳

柬埔寨　泰國　菲律賓

Unit 8-10
家長教育選擇權

一、前言

　　近幾十年來，在歐美國家所流行的家長「教育選擇權」（school choice），不但已在國內教育界成為熱門話題，此潮流趨勢更使家長對教育的影響力大增，開放教育選擇權和參與校務等之公共事務，並成為家長殷切期盼提升教育品質的良方。

二、家長教育選擇權的內涵

　　教育選擇權之觀念，係受到英國新自由主義對英國的國定課程之影響而來。簡而言之，即家長或學生在義務教育階段內，為其子女最佳福祉，依法擁有選擇受教方式、內容及參與學校公共事務，甚至選擇多元學校的自由與權利。

　　從台灣的教育基本法中之家長教育選擇權的理念與精神來看，其教育選擇權開放的範圍應有其限制，家長或學生可選擇的包括「就讀的學校」、「教科書的版本」、「在家自行教育」等，但應不包括「就讀的班級」、「就讀學校的教師」、「就讀學校的校長」等之選擇。

三、家長教育選擇權主要法源

　　政府為鼓勵教育創新與實驗，賦予教育更多彈性，保障學生學習權及家長教育選擇權，於103年11月9日公布「實驗教育三法」（並於106年12月29日修正通過），包括「高級中等以下教育階段非學校型態實驗教育實施條例」、「學校型態實驗教育實施條例」及「公立國民小學及國民中學委託私人辦理條例」等，不但提供法源依據的正當性，也開創台灣實驗教育的新里程碑，並成為教育發展的新契機，進而落實教育的公平、正義與績效之理念。

　　依「教育基本法」第8條第3項：「國民教育階段內……並得為其子女之最佳福祉，依法律選擇受教育之方式……」和第13條：「政府及民間得視需要進行教育實驗……」及高級中等以下教育階段非學校型態實驗教育實施條例第1條：「為保障學生學習權及家長教育選擇權，提供學校型態以外之其他教育方式及內容……」此皆乃家長擁有「教育選擇權」的主要法源之根據！而其型態則可包括在家自行教育、非學校型態實驗教育或公辦民營學校等。

四、結論

　　教育乃國家最長遠及最重要的政策，家長教育選擇權應非教育品質的絕對保證或萬靈丹；而「實驗教育三法」也只是提供教育更多的彈性空間、學生多元學習的機會及實驗教育法源依據的正當性。我們應體認教育應回歸教育本質的初衷，教育的創新與良好的辦學模式，仍應回歸到體制內並以體制內教育為主，政府及民間辦理的體制外實驗學校則應為輔，彌補正常體制下的不足之處。

　　過去的體制外實驗學校教育，或多或少皆被外界賦予「貴族學校」的印象，然而實驗教育三法的相關規定，實驗學校應由政府出資70%，民間出資30%，讓一般的平民家長也能秉除經濟因素，除選擇體制內的學校外，也能選擇體制外的實驗教育之機會，相信能為台灣未來的教育，發展出更精緻、優質、多元、精彩的樣貌。

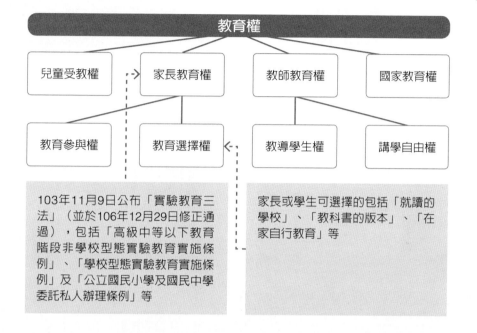

教育權

- 兒童受教權
- 家長教育權
- 教師教育權
- 國家教育權

- 教育參與權
- 教育選擇權
- 教導學生權
- 講學自由權

103年11月9日公布「實驗教育三法」（並於106年12月29日修正通過），包括「高級中等以下教育階段非學校型態實驗教育實施條例」、「學校型態實驗教育實施條例」及「公立國民小學及國民中學委託私人辦理條例」等

家長或學生可選擇的包括「就讀的學校」、「教科書的版本」、「在家自行教育」等

實驗教育選擇權成長圖

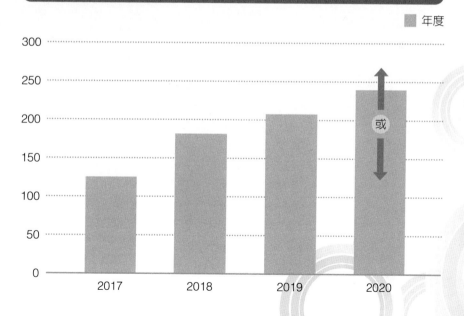

年度

附錄

牛刀小試

章節體系架構 ▼

CH1　概念篇

( ) 1. 下列何者非教育社會學的概念？(A)是一門「方法的」學門；(B)為教育學的基礎學科之一；(C)依據社會學的觀點、理論與方法；(D)除強調教育學的認知性外，更彰顯教育學的價值性。

( ) 2. 下列何者曾說：「社會先於個人。」(A)杜威（J. Dewey）；(B)涂爾幹（E. Durkheim）；(C)皮特斯（R. S. Peters）；(D)默頓（R. C. Merton）。

( ) 3. 從Brookover（1950）的哲學分析取向，教育社會學之研究目的為何？ a.促使社會發展的工具；b.訓練社會學人員；c.分析教育在社會中的地位；d.應用社會學來解決教育問題；e.分析學校內及與社區的互動。(A)abcd；(B)acde；(C)abde；(D)bcde。

( ) 4. 社會學家孔德（A. Comte）指出，人類知識的進化有三個階段，請問是哪三個階段？(A)哲學（玄學）→科學（實證）→工學；(B)神學→科學（實證）→哲學（玄學）；(C)神學→哲學（玄學）→科學（實證）；(D)神學→科學（實證）→工學。

( ) 5. 下列何者曾出版《學校與社會》（*School and Society*）一書？(A)杜威（J. Dewey）；(B)涂爾幹（E. Durkheim）；(C)皮特斯（R. S. Peters）；(D)斯普朗格（E. Spranger）。

( ) 6. 以科學化方式來進行教育社會學研究之主要目的為何？(A)描述、解釋、預測、控制；(B)描述、解釋、預測、應用；(C)解釋、發展、控制、應用；(D)描述、解釋、預測、發展。

( ) 7. 下列何者主張應在微觀與鉅觀研究之間建立「中程理論」（theory of the middle range）的相關命題之邏輯演繹？(A)杜威（J. Dewey）；(B)涂爾幹（E. Durkheim）；(C)皮特斯（R. S. Peters）；(D)默頓（R. C. Merton）。

( ) 8. 下列何者是屬於「微觀社會學」（micro-sociology）的研究重點？ a.教室語言分析；b.學習生活分析；c.師生互動；d.學生次級文化；e.學校變遷。(A)abcd；(B)acde；(C)abde；(D)bcde。

( ) 9. 下列何者並非「衝突理論」的代表人物？(A)涂爾幹（E. Durkheim）；(B)包爾斯與金帝斯（S. Bowles & H. Gintis）；(C)柯林思（R. Collins）；(D)布迪厄（P. Bourdieu）。

( ) 10. 下列何者並非「和諧理論」的代表人物？(A)涂爾幹（E. Durkheim）；(B)帕森斯（T. Parsons）；(C)墨頓（R. K. Merton）；(D)布迪厄（P. Bourdieu）。

( ) 11. 下列何者並非「解釋論」的代表人物？(A)胡賽爾（E. Husserl）；(B)高夫曼（E. Goffman）；(C)威里斯（P. Willis）；(D)布魯默（H. Blumer）。

( ) 12. 下列何者主張：學校即是「意識型態國家的機器」（Ideological State

圖解教育社會學

Apparatus）？(A)涂爾幹（E. Durkheim）；(B)艾波（M. Apple）；(C)墨頓（R. K. Merton）；(D)阿圖塞（Althusser）。

(　) 13. 下列對社會學的三大理論傳統的敘述何者正確？(A)馬克思（Karl Marx）的批判社會學；(B)韋伯（Max Weber）的實證社會學；(C)涂爾幹（Emile Durkheim）的詮釋社會學；(D)帕森斯（Talcott Parsons）的巨視社會學。

(　) 14. 社會流動（social mobility）是社會中的各階層，會有向上或向下相互移動的現象。下列敘述何者正確？(A)代間流動指不同時間點的階級之流動；(B)水平流動指個人或群體從平行的社會階級中轉換；(C)社會學家將不同階級背景對於個人相對流動機會所造成的「淨」影響稱之為絕對流動；(D)代內流動指不同世代間階級的流動。

(　) 15. 台語俗諺說：「歹竹出好筍」，意義是「表現差的父親也會生出優秀的小孩」，這種父親與兒子之間職業的改變，屬於何種性質的社會流動？(A)平行流動；(B)向下流動；(C)代內流動；(D)代間流動。

解答：1.D；2.B；3.B；4.C；5.A；6.A；7.D；8.A；9.A；10.D；11.C；12.D；13.A；14.B；15.D

CH2　重要人物的思想

（　）1.　下列何者是社會集體主義的主要代表人物？(A)斯賓塞（H. Spencer）；(B)涂爾幹（E. Durkheim）；(C)帕森斯（T. Parsons）；(D)墨頓（R. Merton）。

（　）2.　下列哪一位學者主張教育就是社會化？(A)布迪厄（P. Bourdieu）；(B)涂爾幹（E. Durkheim）；(C)墨頓（R. Merton）；(D)帕森斯（T. Parsons）。

（　）3.　下列何者的主張認為，個人或家庭的背景或品味是造成社會不平等的重要因素？(A)衛里斯（P. Willis）的文化創生；(B)布迪厄（P. Bourdieu）的文化資本；(C)涂爾幹（E. Durkheim）的集體意識；(D)包爾斯（S. Bowles）與金帝斯（H. Gintis）的符應原則。

（　）4.　華勒（W. Waller）在《教學社會學》一書中，提出他對師生關係的看法，他認為師生關係不包含下列哪個概念？(A)對立；(B)衝突；(C)強制；(D)平等。

（　）5.　以下哪一位學者使用衝突、變遷與強制等概念分析當代教育制度，其理論被歸類為衝突論？(A)包爾斯（S. Bowles）；(B)帕森斯（T. Parsons）；(C)柯萊（C. H. Cooley）；(D)墨頓（R. Merton）。

（　）6.　以下何者是屬於「微觀教育社會學」（micro-sociology of education）的研究主題？(A)再製（reproduction）；(B)符應（correspondence）；(C)互動（interaction）；(D)抗拒（resistance）。

（　）7.　下列何者為法蘭克福學派「批判理論」（critical theory）的學者代表？(A)哈伯馬斯（J. Habermas）；(B)華德（L. F. Ward）；(C)涂爾幹（E. Durkheim）；(D)帕森斯（T. Parsons）。

（　）8.　下列哪位學者是和諧理論的代表人物？(A)馬克思（K. Marx）；(B)華勒（W. Waller）；(C)帕森斯（T. Parsons）；(D)包爾斯（S. Bowles）。

（　）9.　依史賓賽（H. Spencer）所主張的生活預備說，下列何種活動最有價值？(A)維持社會和政治關係的活動；(B)和自我生存有直接關係的活動；(C)休閒和娛樂的活動；(D)養育和教育子女的活動。

（　）10.　英國教育家史賓賽（H. Spencer）認為何種知識最有價值？(A)倫理知識；(B)科學知識；(C)語文知識；(D)藝術知識。

（　）11.　某天，老師很生氣地對經常曠課的小胖說：「你不努力念書，長大以後能做什麼？」小胖回答：「我爸學歷不高，光靠修理機車還不是賺很多錢。」上述對話最能呼應下列何者的觀點？(A)威里斯（P. Willis）的抗拒文化論；(B)葛蘭西（A. Gramsci）的文化霸權論；(C)布迪厄（P. Bourdieu）的文化資本論；(D)涂爾幹（E. Durkheim）的有機連帶論。

（　）12.　下列哪位學者提出教育系統具有文化複製功能？(A)布迪厄（P. Bourdieu）；(B)涂爾幹（E. Durkheim）；(C)墨頓（R. Merton）；(D)帕深思（T. Parsons）。

（　）13. 下列何者提出：「人與人接觸，自然產生一種和諧、平衡的關係，此即社會連帶性」之主張？(A)涂爾幹（E. Durkheim）；(B)波狄爾（P. Bourdieu）；(C)帕森斯（T. Parsons）；(D)包爾斯（S. Bowles）。

（　）14. 以下哪一位學者使用衝突、變遷與強制等概念分析當代教育制度，其理論被歸類為衝突論？(A)包爾斯（S. Bowles）；(B)帕森斯（T. Parsons）；(C)柯萊（C. H. Cooley）；(D)墨頓（R. Merton）。

（　）15. 法國社會學家布迪厄（P. Bourdieu）認為導致勞動階級兒童學習失敗率較高的最重要因素應是？(A)天賦智力資本；(B)內化的文化資本；(C)物化的文化資本；(D)經濟資本。

解答：1.B；2.B；3.B；4.D；5.A；6.C；7.A；8.C；9.B；10.B；11.A；12.A；13.A；14.A；15.B

CH3　重要理論篇

（　）1. 「師生對於班級情境的界定乃是透過彼此的協商（negotiation）」，此等概念較屬何種理論的觀點？(A)和諧理論；(B)衝突理論；(C)俗民方法論；(D)符號互動論。

（　）2. 小新上課隨意離座，老師立即以嚴肅而高聲的叫出：「小新～～」此時小新「立即回座」，而不是問老師「叫我做什麼？」 此一現象符合下列何種理論的解釋觀點？(A)結構功能論；(B)衝突論；(C)符號互動論；(D)俗民方法論。

（　）3. 下列哪一個理論認為社會不是一個實體，而是一個建構的現象？(A)結構功能論；(B)演化論；(C)衝突論；(D)符號互動論。

（　）4. 依據涂爾幹的自殺論（Suicide），當社會被某種重大危機侵襲或產生極劇的社會變遷時，較容易產生哪一種自殺類型？(A)利己型自殺（Egostic Suicide）；(B)利他型自殺（Altruistic Suicide）；(C)脫序型自殺（Anomic Suicide）；(D)宿命型自殺（Fatalistic Suicide）。

（　）5. 依據涂爾幹（Durkheim, 1897）自殺原因類型，近年在社會新聞常出現的自殺事件報導，包含因為配偶外遇、被情人拋棄等事件而自殺，其自殺原因類型屬於下列何者？(A)利己型自殺（Egostic Suicide）；(B)利他型自殺（Altruistic Suicide）；(C)脫序型自殺（Anomic Suicide）；(D)宿命型自殺（Fatalistic Suicide）。

（　）6. 下列何者為韋伯科層體制（bureaucracy）的主要特色？a.權威階層；b.強調垂直分工；c.設立明文規則；d.理性討論並共同決策；e.重視各部門協同合作；f.不講人情。(A)abcd；(B)abce；(C)abcf；(D)bcde。

（　）7. 在教育行政學中，科層體制（bureaucracy）理論的發展主要係受到下列哪一個學門的影響？(A)政治學；(B)社會學；(C)心理學；(D)社會心理學。

（　）8. 批判理論旨在進行啟蒙，係以質疑、反省、解放與重建的歷程，主要在批判資本主義潛藏的哪些層面？a.理論面；b.意識型態；c.權力；d.實務面；e.社會階級。(A)bcd；(B)bce；(C)abc；(D)abd。

（　）9. 下列哪些人是屬於批判理論的代表人物？a.涂爾幹（E. Durkheim）；b.阿多諾（T. W. Adorno）；c.霍克海默（M. Horkheimer）；d.馬庫色（H. Marcuse）；e.哈伯瑪斯（J. Habermas）；f.帕森斯（T. Parsons）。(A)abcd；(B)abce；(C)abcf；(D)bcde。

（　）10. 美國社會學家高夫曼（E. Goffman）提出了哪一個理論？(A)戲劇理論；(B)符碼理論；(C)衝突論；(D)混沌理論。

（　）11. 美國的社會學家高夫曼（E. Goffman）認為一般人常會使用「印象整飾」的方法有哪些？a.第一印象（first impression）；b.理想化（idealization）；

c.無意姿態（unmeant gestures）；d.無識相（non-tact）；e.神祕化（mystification）；f.常態化（normality）。(A)abcd；(B)abce；(C)abcf；(D)bcde。

( ) 12. 美國課程學者班克斯（J. Banks）提出四種多元文化課程改革模式。李老師在社會科教學時強調從不同族群的觀點來探究台灣開發的問題，讓學生了解不同族群的貢獻與看法。請問這是屬於哪種模式？(A)附加取向（additive approach）；(B)轉化取向（transformation approach）；(C)社會行動取向（social action approach）；(D)貢獻取向（contribution approach）。

( ) 13. 王大同被班上同學取了個綽號叫「王大頭」，因而感到不舒服、不快樂。下列哪一個理論最適合用來解釋這種情況？(A)溝通行動理論；(B)衝突論；(C)符號互動論；(D)符應理論。

( ) 14. 下列何者並非功績主義（meritocracy）的主張？(A)成績好的學生和學校，應得到較多的機會和資源；(B)社會階層化的指標應以個人後天的努力成就為主；(C)社會地位的決定是基於「歸屬性地位」（ascribed status）；(D)功績主義的主張比較是屬於結構功能論的理論思維。

185

( ) 15. 政府部門的人力資源管理，強調以成績、能力及績效，作為公務人員任用、俸給、升遷的標準，實行用人唯賢的原則，而非用人唯親，不以親疏、黨派、個人或家庭背景等因素來評價公務人員，此種稱為：(A)獨裁主義；(B)功績主義；(C)政治任命；(D)保守主義。

CH4　學校教育篇

（　）1. 教科書為課程教學的主要媒介。下列有關教科書的使用方式，何者較適切？(A)將教科書內容一五一十地教給學生；(B)教科書內容多為專家知識，不宜刪減；(C)以教科書作為教師教學與學生學習的全部內容；(D)因應社會變遷與學生需要，適時調整教科書內容。

（　）2. 在異文化交流的過程中，某一個團體採用另一個團體全部或部分的文化而形成其新的文化，這比較是屬於下列哪一種歷程？(A)同化（assimilation）；(B)涵化（acculturation）；(C)濡化（enculturation）；(D)社會化（socialization）。

（　）3. 不同文化之間的接觸、交流，往往會產生抗拒、衝突、融合等現象，請問下列哪一個史實最符合「文化融合」的現象？(A)義和團事件；(B)文化大革命；(C)雍正禁教；(D)大化革新。

（　）4. 多元文化教育（Multicultural Education）概念，在教育上逐漸被重視，下列描述何者不正確？(A)多元文化是教導學生先對別的種族與族群有正面的感受，以擁有正向的自尊；(B)源自於公民權運動的後續效應；(C)設計多樣化的課程內容教導學生容忍、尊重及欣賞多元文化；(D)多元文化教育可以避免對文化產生刻板印象。

（　）5. 針對多元文化課程的基本內涵，下列何者敘述有誤？(A)多元文化課程要發展學生自己負責的能力；(B)多元文化課程包含對於全球的知識的理解及覺醒；(C)多元文化課程要考慮機會的平等及對全人類的接受；(D)多元文化課程要學生從種族平等和差異中獲得自由。

（　）6. 從「機會」而非「條件」或「結果」的均等而言，下列何者是評估教育機會均等的最適當指標？(A)在學率；(B)升學率；(C)就學率；(D)輟學率。

（　）7. 近年來台灣強調對於中小學弱勢學生的學習扶助課後輔導，其主要精神與下列何者較為相關？(A)提供更多就業機會；(B)強化教師專業發展；(C)強化多元文化教育；(D)促進教育機會均等。

（　）8. 下列有關美國1966年柯爾曼報告書（Coleman Report）的敘述，何者正確？(A)該報告促使質化的研究受到更大的肯定與重視；(B)該報告的主要資料係源自對美國公立學校的訪談；(C)該報告主要探討影響個人教育機會均等的因素；(D)該報告發現影響學生成就的成因為學校與社會因素。

（　）9. 英國1967年的《普勞頓報告書》（Plowden Report）曾提出下列何種理念與策略，促進了教育機會均等措施的發展？(A)性別平權教育；(B)多元文化教育；(C)積極的差別待遇；(D)平頭式的教育機會均等。

（　）10. 近來青少年在網路上使用「火星文」來溝通，引起許多家長及社會上的關心，形成青少年的次文化之一。一般而言，青少年的次文化常常會與主流文化的

價值觀不同，這代表的意義是：(A)次文化低於主流文化，是難登大雅之堂的；(B)社會上只有年齡差異才會產生次文化；(C)次文化不同於主流文化，沒有優劣之分；(D)為了避免次文化危害主流文化，政府應消滅所有的次文化。

( ) 11. 如果次文化與主文化發生衝突或對立，就形成何種文化？(A)族群次文化；(B)階層次文化；(C)地方次方化；(D)反文化。

( ) 12. 次文化（subculture）是指價值觀與行為規範與主流文化價值不同團體之文化，請問下列何者對於次文化的描述是錯誤的？(A)次文化團體成員的外表、語言或其他文化特徵可能非常鮮明，容易辨識；(B)次文化不會包括主流文化的元素，也不可能與主流文化和平共存；(C)抵抗文化（culture of resistance）也是屬次文化；(D)次文化可能會在新團體進入某個社會時產生。

( ) 13. 請問下列哪一個文化特徵，並非學校組織的性質？(A)非價值導向的活動；(B)承擔社會的根本功能；(C)以服務為宗旨；(D)受到過度保護。

187

( ) 14. 下列關於學校文化特性的描述，何者較適切？(A)不同學校所具有的文化類型差異不大；(B)學校文化對於教職員工的行為具有規範性；(C)學校文化是靜止的，不會改變；(D)學校文化對於學校發展僅有正面功能。

( ) 15. 對於學生次文化的相關敘述，何者有誤？(A)學生次文化構成學校文化的一環，與學校整體文化密切相關；(B)學生次文化構成潛在課程的重要內容，影響學生的學習活動與成果；(C)學生次文化也能促進學校行政、課程與教學的變革；(D)學生次文化的形成旨在對抗成人所代表的文化價值。

解答：1.D；2.B；3.D；4.A；5.A；6.C；7.D；8.C；9.C；10.C；11.D；12.B；13.A；

CH5　教育制度篇

（　）1. 各國都致力於學校教育制度的改革，下列何者並非各國學校制度改革的趨勢？(A)學前教育納入正式學制；(B)初等教育修業年限縮短；(C)後期中等教育提早分化；(D)高等教育階段機會擴充。

（　）2. 狹義的教育制度係指下列何者？(A)國民教育制度；(B)社會教育制度；(C)高等教育制度；(D)學校教育制度。

（　）3. 在教育制度中，以最少的費用獲得學童的最佳學習效果，這是一種什麼概念？(A)效能；(B)效率；(C)品質；(D)公平。

（　）4. 我國現階段教育制度之「六三三四」學制，下列哪一國家有此類似的教育制度？(A)美國；(B)法國；(C)德國；(D)英國。

（　）5. 我國教育制度的最高指導原則為何？(A)憲法；(B)教育基本法；(C)國民教育法；(D)教育部組織法。

（　）6. 關於商朝的教育制度，下列何者為非？(A)「學」主要在教導學生明人倫；(B)「瞽宗」則教導學生以習樂為主；(C)「學」則又分成「左學」及「右學」；(D)左學乃專為「庶老」而設。

（　）7. 我國古代教育之目的，是下列何者？(A)考取功名；(B)安邦治國；(C)齊家治國；(D)作育英才。

（　）8. 中國最早教育制度見於下列何者？(A)尚書舜典；(B)禮記王制；(C)孟子滕文公；(D)周禮地官。

（　）9. 中國教育史的發展中，私學風氣興盛，有「百家爭鳴」現象的是哪個朝代？(A)夏商周；(B)春秋戰國；(C)秦漢；(D)魏晉南北朝。

（　）10. 思想上以儒家思想成為中心信念是何時期教育？(A)上古教育；(B)中古前期教育；(C)中古後期教育；(D)近、現代教育。

（　）11. 魏晉南北朝是屬於何時期教育？(A)上古教育；(B)中古前期教育；(C)中古後期教育；(D)近、現代教育。

（　）12. 先秦時期，儒家所提出的文藝——禮、樂、射、御、書、數，是屬於下列何種的教育哲學思想？(A)專才教育；(B)博雅教育；(C)菁英教育；(D)平民教育。

（　）13. 下列哪一個年代的教育對象只限於少數人，對一般國民的教育，採愚民政策，教育不發達？(A)商；(B)漢；(C)秦；(D)清。

（　）14. 「偏重士族領導階級領袖人才的培養」，是中國哪一期間的教育目的？(A)自虞夏商三代到西周；(B)自東周到春秋戰國；(C)自秦代到清末；(D)民國初至今。

（　）15. 下列中國哪一個朝代因科舉考試對學校教育產生不良影響，而進行三次教育改革？(A)唐朝；(B)宋朝；(C)明朝；(D)清朝。

（　）16. 小明欲了解我國的國民教育制度，則下列有關之敘述，何者有誤？(A)年齡在7

至15歲的國民均應接受國民教育；⒝受國民教育是《憲法》賦予的「受益權」，也是義務；⒞若不按規定接受國民義務教育，國家可依法罰鍰；⒟國中生念念長期蹺家逃學，其家長或監護人會被政府處罰。

(　) 17. 下列哪一個朝代的奴隸社會鼎盛，實行「世卿世祿」制度，此時期學校組織比較完善，分為「國學」與「鄉學」兩種？⒜夏；⒝商；⒞西周；⒟東周。

(　) 18. 依據社會學家布爾迪厄的文化資本理論，關於教育和社會階層化之間的關係，下列敘述何者正確？⒜教育有助於個人提升智識能力，打破社會階層限制；⒝上層階級的經濟優勢，有助提升社會整體教育水準；⒞上階層的經濟資本可透過教育體制轉化為文化資本；⒟教育制度的篩選人才功能，有助於創造開放性社會。

(　) 19. 憲法有關教育的規定包括三大部分，即人民在教育上的基本權利、國家對教育的基本國策，以及有關教育權限的分配等。下列哪一項是屬於基本國策的部分？⒜講學的自由；⒝教育機會均等；⒞教育制度立法權；⒟人民有受國民教育之權利義務。

(　) 20. 先秦諸子中，哪位思想家主張教育功能為人性發展的教育心理學思想，與現代西方人本主義心理學的思想頗為相似？⒜孔子；⒝孟子；⒞荀子；⒟墨子。

解答：1.C；2.D；3.B；4.A；5.A；6.D；7.A；8.A；9.B；10.B；11.B；12.B；13.C；14.B；15.B；16.A；17.C；18.C；19.B；20.B

CH6　各國的教育制度

（　）1. 東西德統一之後，中等教育制度衝擊最大的原因為何？(A)西德多仿東德的教育體制；(B)以綜合學校取代了文理學校、實科學校和主幹學校；(C)教育目標在國家意識和全球意識間擺盪；(D)原本一貫的學校制度轉為分流制度。

（　）2. 德國教育的特色「第二進路」，係指重視協助哪類學生進入高等教育的機會？(A)師範教育；(B)技職教育；(C)特殊教育；(D)英才教育。

（　）3. 針對英國的教育體制描述，下列何者有誤？(A)採地方分權，蘇格蘭的教育制度與英格蘭差距較大；(B)義務教育係從6歲開始到18歲；(C)公立學校需要採用國定課程進行教學；(D)16歲完成兩年的普通中學教育證書（GCSE）後，需通過考試方得進入高中就讀。

（　）4. 對於英國初等教育發展影響頗為深遠且主張學校必須禁止體罰的是下列哪一份報告書？(A)羅賓斯（Robbins）；(B)紐森（Newsom）；(C)普勞頓（Plowden）；(D)詹姆斯（James）。

（　）5. 下列哪一個國家的教育制度未曾對我國教育制度產生過影響？(A)英國的綜合中學；(B)美國的公學；(C)法國的師範學校；(D)德國的文科中學。

（　）6. 下列哪一項有關美國教育制度的敘述不正確？(A)地方分權；(B)免費、義務、普及的教育；(C)雙軌學制；(D)宗教和學校分離。

（　）7. 下列何者不是法國初等教育制度的特徵？(A)初等教育的學制中具有留級制；(B)學生就讀小學的學習年數為六年；(C)初等教育為義務、免學費及非宗教性質；(D)國家統一制定小學課程標準，並強制施行。

（　）8. 法國教育行政採中央集權制，其中央設何單位，負責全國各級各類教育？(A)國民教育部；(B)大學區；(C)教育科學部；(D)文化科學部。

（　）9. 下列哪一位啟蒙時期的法國教育學者曾提出完整的世俗化學校制度，以培養國家公民？(A)孟德斯鳩（B. de Montesquieu）；(B)盧梭（J. J. Rousseau）；(C)康多賽（M. de Condercet）；(D)伏爾泰（Voltaire）。

（　）10. 有關日本中等教育制度之特徵，下列所述何者並非正確？(A)分為兩個階段，前一階段為「中學校」教育，後一階段為「高等學校」教育；(B)日本的「高等學校」，相當於我國高中高職；(C)日本的「高等學校」，係將普通教育與職業教育分開實施；(D)日本的「高等專門學校」，其前三年，依程度言，相當於我國高級中等教育。

（　）11. 日本的學校制度是屬於？(A)中央集權制與單軌制；(B)中央集權制與雙軌制；(C)中央集權制與三軌制；(D)中央集權制與多軌制。

（　）12. 下列哪一個國家並未設有聯邦教育部，而僅由各省與區域聯合設立一協調性的機構，亦即各省教育廳長聯席會議，以對外代表整個國家的教育部門：(A)英國；(B)加拿大；(C)美國；(D)日本。

( ) 13. 學生必須依據小學離校考試成績而進入中等教育階段特別、快捷課程、普通學術或工藝課程的國家是：(A)紐西蘭；(B)澳洲；(C)日本；(D)新加坡。

( ) 14. 有關各國對幼稚園（Kindergarten）所涵蓋的年齡層範圍，下列何者為非？(A)在我國是指2～6歲的幼兒教育；(B)在日本是指3～6歲的幼兒教育；(C)在美國、加拿大是指5歲的幼兒教育；(D)在瑞典、丹麥是指5歲以下的幼兒教育。

( ) 15. 下列關於各國教育部的名稱，錯誤的有哪一項？(A)英國—兒童學校與家庭部、革新大學與技能部；(B)法國—教育科技與創新部；(C)日本—科學文部省；(D)加拿大—由各省負責，並未設立教育部。

( ) 16. 下列哪一國為落實學校本位管理與績效責任，因此規定學校與教育部之間應透過「信託合約」（Charters）的簽定與履行，來進行學校績效表現管理？(A)美國；(B)英國；(C)荷蘭；(D)紐西蘭。

( ) 17. 在1980年代提出「明日學校」的改革藍圖，致力於推動教育行政分權化的改革工作之國家是：(A)澳洲；(B)紐西蘭；(C)法國；(D)德國。

( ) 18. 對於學制的敘述，下列何者是正確的？(A)雙軌制的設計較符合民主與平等的精神；(B)美國係採多軌制的學制；(C)英國的學制係屬單軌制；(D)單軌制係指國家教育系統為連續不斷的直線系統，中間並未經過分流至不同學校體系的過程。

( ) 19. 在義務教育階段，下列哪一種學校制度，較符合平等的理念？(A)單軌制；(B)雙軌制；(C)多軌制；(D)零軌制。

( ) 20. 下列有關德國的學前教育制度之敘述，何者錯誤？(A)屬於義務教育；(B)由社會局管轄；(C)隸屬社會福利制度；(D)幼教人員的角色主要是以「保育」而非「教育」。

解答：1.D；2.B；3.B；4.C；5.B；6.C；7.B；8.A；9.C；10.C；11.A；12.B；13.D；14.D；15.B；16.D；17.B；18.D；19.A；20.A

CH7　性別議題篇

（　）1. 美國哈佛大學前校長桑莫斯（Lawrence Summers）曾說：「女性在學術上的表現不如男性，是因為大腦差異的關係」，引起爭議而下台。試問桑莫斯的說法有何問題？(A)錯誤價值觀念；(B)性別刻板印象；(C)偏差行為模式；(D)錯誤的角色認知。

（　）2. 性別工作平等法對於性騷擾的定義，何者錯誤？(A)言詞之內容涉及性要求、具性意味或性別歧視；(B)行為必須達猥褻或姦淫之程度；(C)以性要求作為考績升遷之交換條件；(D)具性別歧視之言詞造成敵意性工作環境。

（　）3. 下列有關「性別平等教育法」的敘述，何者不正確？(A)性別平等教育：指以教育方式消除性別歧視，促進性別地位之實質平等；(B)處理校園性侵害或性騷擾事件，例如老師對其他老師的騷擾；(C)校園之性別平等教育委員會，其中女性委員應占委員總數二分之一以上；(D)國民中小學每學期應實施性別平等教育相關課程或活動至少四小時。

（　）4. 「職場性別歧視」指在職場上因為某些跟「性別」有關的原因而被歧視，只不過女性遭遇懷孕歧視、婚育歧視的情況，一直是各縣市勞工局受理的最大宗。請問：上述情況違反下列哪部法律的規定？(A)性騷擾防治法；(B)性別平等教育法；(C)性別工作平等法；(D)民法。

（　）5. 我國性別工作平等法中有關性騷擾之防治相關規定，下列何者是其最重要的立法精神？(A)嚴懲此類事件之行為人；(B)強調雇主應負擔提供一免遭職場性騷擾而安全工作場所給所有員工之責任；(C)給予此類事件被害人適當之補償；(D)強調雇主與此類事件之行為人負連帶損害賠償責任。

（　）6. 傳統上認為領導權應屬於男性，因此，基於一些態度上或組織的偏差所造成的人為障礙，使得女性無法與男性同樣獲得公平競爭的機會。此種女性升遷的無形障礙稱之為何？(A)異性戀霸權；(B)職場性騷擾；(C)性別社會化；(D)玻璃天花板。

（　）7. 在選擇教科書時，主任特別要老師們應注意教科書內容是否含有性別偏見的問題，則他所關注的教科書評鑑指標屬於下列何者？(A)出版屬性；(B)內容屬性；(C)教學屬性；(D)物理屬性。

（　）8. 如果在教科書內容或師生教學互動歷程，強調「男尊女卑」、「男女有別」，則這樣的教科書內容和師生教學互動歷程具有何種意識型態？(A)政治意識型態；(B)族群意識型態；(C)性別意識型態；(D)宗教意識型態。

（　）9. 性別認同患者（gender identity disorder）在DSM-IV-TR中最受到爭議的最主要原因為何？(A)在動物世界中有許多會扮演異性角色及行為的物種；(B)男女性別角色的界線已經越來越模糊；(C)性別認同疾患是生理疾病而非心理疾患；(D)性別認同疾患只是性別歧視的犧牲者。

( ) 10. 2012年我國首定3月5日爲「同酬日」，希望將來能透過男女同工同酬達到職場性別平等的理想。下列何種作法最有助於促進職場性別平等？(A)開放夫妻雙方皆可申請家庭照顧假和育嬰假；(B)營造玻璃天花板環境，以落實性別實質平等；(C)健全性別職業隔離制度，保障女性就業機會；(D)降低女性勞動參與率，避免蠟燭兩頭燒現象。

( ) 11. 下列有關性別工作平等法中性騷擾定義以及防治的敘述，何者錯誤？(A)性別歧視屬性騷擾；(B)包含敵意環境與交換利益性騷擾；(C)雇主僱用受僱者30人以上，應訂定性騷擾防治措施、申訴及懲戒辦法；(D)是保障員工在工作時不被性騷擾。

( ) 12. 我國「性騷擾防治法」對於性騷擾的分類，主要包含下列哪些類別？(A)性霸凌與性歧視；(B)性霸凌與性攻擊；(C)敵意環境性騷擾與性侵害；(D)敵意環境性騷擾與交換性騷擾。

( ) 13. 關於性別偏見與性別歧視之概念敘述，下列何者不正確？(A)嬰兒本來就應該由母親來照顧，是一種性別歧視；(B)職場上的單身條款是一種性別歧視；(C)職場上的禁孕條款是一種性別歧視；(D)雇主認定女性一定會爲了家庭請許多假因而不予錄用，是一種性別歧視；(E)老師認爲女生一定數理能力較不好，是一種性別偏見。

( ) 14. 學校駐衛警察之遴選規定以服畢兵役作爲遴選條件之一，根據「消除對婦女一切形式歧視公約」（CEDAW），下列何者錯誤？(A)駐衛警察之遴選應以從事該工作所需的能力或資格作爲條件；(B)已違反CEDAW第1條對婦女的歧視；(C)此遴選條件未明定限男性，不屬性別歧視；(D)服畢兵役者仍以男性爲主，此條件已排除多數女性被選的機會，屬性別歧視。

解答：1.B；2.B；3.B；4.C；5.B；6.D；7.B；8.C；9.A；10.A；11.A；12.D；13.A；14.C

CH8 教育社會學的重要議題

( ) 1. 隨著全球化時代的來臨，全球教育（global education）也更顯其重要性，下列何者不是全球教育的重要內涵？(A)提升學生語文能力；(B)了解人類信仰與價值觀；(C)全球歷史；(D)跨文化的了解。

( ) 2. 下列哪一項教育政策，凸顯出「全球化」對我國教育方針的影響？(A)教育部品德教育促進方案；(B)發展與改進原住民教育五年計畫；(C)師資培育數量規劃方案；(D)五年五百億邁向世界頂尖大學計畫。

( ) 3. 「全球化」讓全世界成為一個地球村。下列何者屬於「全球化」的現象？(A)在台灣的超市能買到泰國山竹；(B)台中市繼高雄市後興建捷運系統；(C)颱風來襲引發水災與土石流等災害；(D)國民教育由九年延長至十二年。

( ) 4. 解決英文、數學測驗成績雙峰化現象的有效作為是？(A)能力分班；(B)常態編班；(C)補救教學；(D)全民會考。

( ) 5. 將班上學生英語學習評量得分繪製成次數分配圖，發現兩側分布次數較高，我們可稱此現象為何？(A)常態分配；(B)矩形分配；(C)正偏態；(D)雙峰分配。

( ) 6. 十二年國教課綱的草案引發激烈議論，其中國英數等主要學科必修學分降低，本土語傾向列為必修，部分理工領域教授為此大為反彈，此現象主要顯現了何種隱含意義？(A)知識權力的爭奪；(B)菁英主義的作祟；(C)智性學習的式微；(D)學習者主體的彰顯。

( ) 7. 關於教育市場化（marketization of education）的主張，下列哪一項正確？(A)明確的學區；(B)教育優先區；(C)教育商品化；(D)教育公平性。

( ) 8. 雖然全球化刺激了國際貿易，同時也帶給進出口國家經濟福祉的增加，但卻也激化了反全球化運動的誕生。下列有關反全球化運動的敘述，何者正確？(甲)反全球化運動又稱地球正義運動；(乙)反全球化運動也稱為另類全球化運動；(丙)反全球化運動並非反全球化本身；(丁)反全球化運動是逢「全球化」必反。(A)甲丙丁；(B)甲乙丁；(C)甲丁；(D)甲乙丙。

( ) 9. 下列關於反全球化運動敘述，哪三項正確？（甲）開發中國家員工對跨國企業大廠因不對等的關係產生反對力量；（乙）反全球化者拒絕使用現代資訊科技；（丙）反全球化者認為全球化造成文化衝突；（丁）反全球化者認為全球化在先進國家因企業全球布局，使產業空洞化。(A)甲乙丙；(B)乙丙丁；(C)甲乙丁；(D)甲丙丁。

( ) 10. 有關「全球化與教育」的關係，下列敘述何者錯誤？(A)全球化可促進各國教育機會均等；(B)教育可加速社會全球化的腳步；(C)全球化導致各國對移民教育的重視；(D)教育可強化個人因應全球化的能力。

( ) 11. 近來高中課綱微調引起很多爭議，請問下列何者為主要爭議之一？ (A)國文科增加新詩比例；(B)歷史科刪除鄭南榕的史料；(C)英文科難度大幅加深；(D)數學科必修學分大幅增加。

( ) 12. 為鼓勵教育創新與實驗，保障學生學習權及家長教育選擇權，因此制定通稱的「實驗教育三法」。下列敘述何者正確？(甲)高級中等以下教育階段非學校型態實驗教育實施條例；(乙)高級中等以下學校辦理實驗教育條例；(丙)學校型態實驗教育實施條例；(丁)公立國民小學及國民中學委託私人辦理條例。(A)甲乙丙；(B)甲乙丁；(C)甲丙丁；(D)乙丙丁。

( ) 13. 為推廣多元文化，我國政府近年陸續推動各項措施，下列何者不是政府針對新住民所推動的多元文化推展計畫？(A)新住民火炬計畫；(B)新住民多元成家計畫；(C)新住民及其子女築夢計畫；(D)新住民二代培力計畫。

( ) 14. 2014年立法院院會通過實驗教育三法，賦予實驗教育更多的辦學彈性，提供學生更多元適性的學習機會。下列何種教育形式不屬於實驗教育法規範的教育形式？(A)在家自行教育；(B)資優班教育；(C)非學校型態實驗教育；(D)公辦民營學校。

( ) 15. 近年來外籍新住民家庭的生活狀況，下列敘述何者最為正確？(A)外籍新住民女性扮演家庭生活的主要決策者；(B)其中以大陸籍的新住民人口比例最高；(C)新住民女性多半有身心障礙的問題；(D)新住民女性能與娘家密切互動。

解答：1.A；2.D；3.A；4.C；5.D；6.A；7.C；8.D；9.D；10.A；11.B；12.C；13.B；14.B；15.B

參考文獻

一、中文部分

- 王麗雲（2005）。學校教育的社會功能。輯於臺灣教育社會學學會主編，**教育社會學**。台北市：巨流。
- 王麗雲（2014）。基本能力的雙峰現與因應建議。**教育人力與發展**，31(1)，1-4。
- 王淑俐（2000）。第一印象。輯於**教育大辭書**。2016年12月06日取自http://terms.naer.edu.tw/detail/1310642/
- 方永泉（2000）。符號互動論（Symbolic Interaction）。輯於**教育大辭書**。2016年12月06日取自http://terms.naer.edu.tw/detail/1310670/反教育商品化聯盟（2019）。反教育商品化聯盟公布「學店」排行榜，世新蟬聯第一，台藝大變國立大學「榜首」。2019年07月18日取自https://www.thenewslens.com/article/100335
- 內政部移民署（2019）。何謂新住民。2019年08月18日取自https://kid.immigration.gov.tw/6799/8971/8974/29129/
- 卯靜儒（2013）。選什麼？如何選？爲何而選？高中教師選擇歷史教科書之研究。**教育科學研究期刊**，58(2)。123-147。
- 石計生（2006）。**社會學理論：從古典到後現代**。台北市：三民。
- 朱家安（2017）。**爲什麼成大通識課「存在、愛戀、也瘋狂」令人瘋狂**？2017年03月04日取自http://opinion.udn.com/opinion/story/6068/2001993?from=udn-referralnews_ch1artbottom。
- 沈姍姍（2005）。教育社會學導論。輯於臺灣教育社會學學會主編，**教育社會學**。台北市：巨流。
- 李英明（1986）。**哈伯馬斯**。台北：東大。
- 林清江（1983）。社會哲學與教育，輯於國立臺灣師範大學編輯小組，**教育哲學**（修訂版）。台北市：文景。
- 周業謙、周光淦（譯）（1998）。Jary & Jary著。**社會學辭典**。台北市：貓頭鷹。
- 洪祥（2006）。**教育社會學**。台北市：鼎茂。
- 戴曉霞（2005）。社會結構與教育。輯於臺灣教育社會學學會主編，**教育社會學**。台北市：巨流。
- 林生傳（1990）。**教育社會學**。高雄市：復文。
- 林永豐（2012）。潛在課程（Hidden Curriculum）。輯於**教育大辭書**。2017年04月05日取自http://terms.naer.edu.tw/detail/1453909/
- 林清江（1972）。**教育社會學**。台北市：國立編譯館。
- 林清江（1981）。**教育社會學新論**。台北市：五南。
- 林珮萱（2016）。新鮮人如何翻轉向上？職場新趨勢，產業、科系、性別翻轉中。遠見雜誌，2016年5月19日。http://www.gvm.com.tw/webonly_content_9195_2.html

圖解教育社會學

・胡夢鯨（2000）。象徵互動論（Symbolic Interactionism）。輯於**教育大辭書**。2016年12月06日取自http://terms.naer.edu.tw/detail/1311752/

・耿玉明譯（1995）。社會學方法的準則。北京：商務。

・許殷宏（2006）。Goffman當代戲劇理論的思想巨擘。輯於**教育社會學：人物與思想**。台北市：高等教育。

・張芬芬（2000）。批判理論（Critical Theory）。輯於**教育大辭書**。2016年10月25日取自http://terms.naer.edu.tw/detail/1305737/。

・陳奎憙（1995）。**教育社會學**。台北市：三民。

・陳光中、秦文力、周素嫻譯（1996）。**社會學**。台北市：桂冠。（N. J. Smelser，1996）

・教育部（2018）。十二年國教歷史課綱並未「去中國化」，也未以東亞史取代中國史。107年12月18日取自https://www.edu.tw/News_Content.aspx?n=FD56C961F1677400&sms=E6059C30DDBD5135&s=B1D1E9B13F1193CC

・教育百科（2018）。詞條名稱：新移民子女。108年08月18日取自https://pedia.cloud.edu.tw/Entry/WikiContent?title=%E6%96%B0%E7%A7%BB%E6%B0%91%E5%AD%90% E5%A5%B3

・教育制度研究會編（1991）。**要說教育制度**。學術圖書出版社。

・國語日報（2015）。城鄉差距大，會考英數成績雙峰化。108年07月18日取自https://mdnkids.com/news/?Serial_NO=93529

・國立台灣師範大學（2018）。會考，英數雙峰仍在。108年07月18日取自https://pr.ntnu.edu.tw/newspaper/index.php?mode=data&id=38458

・黃昆輝。系統理論模式（System Theory Model）。輯於**教育大辭書**。2017年04月13日取自http://terms.naer.edu.tw/detail/1305926/

・黃昆輝、張德銳（2000）。科層體制理論。輯於**教育大辭書**。2016年12月06日取自http://terms.naer.edu.tw/detail/1307685/

・翁麗芳（2006）。日本的教育改革。**教育資料集刊**，31，1-20。

・楊芳枝（2012）。流行文化裡的性別。載於黃淑玲、游美惠主編，**性別向度與臺灣社會**，頁107-127。台北市：巨流。

・楊瑩（2000）。斯賓塞教育社會學思想。輯於**教育大辭書**。2016年7月17日取自http://terms.naer.edu.tw/detail/1311225/?index=4

・楊瑩（2000）。華德教育社會學思想。輯於**教育大辭書**。2016年8月3日取自http://terms.naer.edu.tw/detail/1311672/?index=5

・游美惠（2012）。性別歧視。輯於**教育大辭書**。2016年7月17日取自http://terms.naer.edu.tw/detail/1453883/

· 詹紹威（2012）。二十一世紀德國中等教育的改革措施和成效。**教育資料集刊**，54，253-282。

· 魯皓平（2014）。別再性別歧視！女性在職場最常受到的5種委屈。遠見雜誌－前進的動力，2014年11月7日。http://www.gvm.com.tw/webonly_content_3705.html

· 遠見雜誌（1999）。性別越界，顛覆男女。遠見雜誌，153。2016年7月17日取自http://www.gvm.com.tw/Boardcontent_6017.html

· 鄧毓浩（2000）。國家認同。輯於**教育大辭書**。2016年8月3日取自tp://terms.naer.edu.tw/detail/1309248/

· 譚光鼎（2000）。文化資本。輯於**教育大辭書**。2016年8月14日取自http://terms.naer.edu.tw/detail/1303233/。

· 譚光鼎（2000）。社會再製。輯於**教育大辭書**。2017年3月20日取自http://terms.naer.edu.tw/detail/1306765/

· 黃囇莉（2012）。性別歧視的多重樣貌。載於黃淑玲、游美惠主編，**性別向度與台灣社會**。台北市：巨流。

· 蔡啓達（2015）。**圖解教育學**。台北市：五南。

· 戴曉霞（2005）。社會結構與教育。載於臺灣教育社會學學會主編，**教育社會學**，頁57-95。台北市：巨流。

· TVBS（2018）。台生成績「雙峰化」，英、數3分之1不及格。108年07月18日取自https://news.tvbs.com.tw/life/860061

· TVBS（2019）。慘！2019年生育率報告，台灣「全世界最低」。2019年3月25日取自https://news.tvbs.com.tw/life/1104434?utm_source=LineNewsPush&utm_medm=push&utm_campaign=19032410

二、英文部分

Althusser, L. (1971). Ideology and Ideological State Apparatuses. *Lenin and Philosophy and Other Essays*.London: New Left Books.

Anyon, J. (1980). Social class and the hidden curriculum of work. *Journal of Education,162*(1),7-92.

Apple, M. W. (1990). *Ideology and curriculum*. New York: Routledge.

Apple, M. W. (1993). *Official knowledge: Democratic education in conservative age*. New York: Routlege.

Becker, G. (1964). *Education and Jobs*. New York: Praeger.

Bernstein, B. (1971). *Class, codes and control vol. 1: Theoretical studies towards a sociology of language*. London: Routledge & Kegan Paul.

Coleman, J. S., Campbell, E. Q., Hobson, C. F., McPartland, J., Mood, A. M., Weifeld, F. D., & York, R. L. (1966). *Equality of educational opportunity. Washington*, DC: US Government Printing Office.

圖解教育社會學

Coleman, J. S. (1968). The concept of equality of educational opportunity. *Harvard Educational Review, 38*(1), 7-22.

Collins, R. (1979). The Credential Society: An Historical Sociology of Education and Stratification. New York: Academic Press.

Dewey, J. (1902/1990). *The school and society and the child and the curriculum.* Chicago: The University of Chicago.

Dewey, J. (1916). *Democracy and education.* New York: Macmillan.

Eisner, P. W. (1985). *The education imagination: On the design and evaluation of school program* (2nd ed). N. Y.: Macmillian.

Freire, P. (1989). *Pedagogy of the oppressed.* New York: Continuum.

Illich, I. (1999). *Deschooling society.* London: larion Boyars.

Lakoff, R. (1975). *Language and Woman ,s Place.* New York: Harper and Row.

Schultz, T. W. (1962). Reflections on Investment in Man. *Journal of Political Economy,70,* 1-8.

Willis, P. (1972). *Pop music and youth groups.* Unpublished Phil. D. thesis.University of Birmingham.

Young, M. (1971). *Knowledge and control: New directions for the sociology of education.* London: Collier-Macmillan.

參考文獻

國家圖書館出版品預行編目資料

圖解教育社會學 / 蔡啓達著. -- 初版. -- 臺
北市：五南，2020.08
　面；　公分
ISBN 978-986-522-075-4(平裝)

1.教育社會學

520.16　　　　　　　　109008501

1I2M

圖解教育社會學

作　　者－蔡啓達（376.4）

發 行 人－楊榮川

總 經 理－楊士清

總 編 輯－楊秀麗

副總編輯－黃文瓊

責任編輯－劉芸蓁　李敏華

封面設計－王麗娟

出 版 者－五南圖書出版股份有限公司

地　　址：106台北市大安區和平東路二段339號4樓

電　　話：(02)2705-5066　傳　　真：(02)2706-6100

網　　址：http://www.wunan.com.tw

電子郵件：wunan@wunan.com.tw

劃撥帳號：01068953

戶　　名：五南圖書出版股份有限公司

法律顧問　林勝安律師事務所　林勝安律師

出版日期：2020年8月初版一刷

定　　價　新臺幣280元

經典永恆・名著常在

五十週年的獻禮——經典名著文庫

五南，五十年了，半個世紀，人生旅程的一大半，走過來了。

思索著，邁向百年的未來歷程，能為知識界、文化學術界作些什麼？

在速食文化的生態下，有什麼值得讓人雋永品味的？

歷代經典・當今名著，經過時間的洗禮，千錘百鍊，流傳至今，光芒耀人；

不僅使我們能領悟前人的智慧，同時也增深加廣我們思考的深度與視野。

我們決心投入巨資，有計畫的系統梳選，成立「經典名著文庫」，

希望收入古今中外思想性的、充滿睿智與獨見的經典、名著。

這是一項理想性的、永續性的巨大出版工程。

不在意讀者的眾寡，只考慮它的學術價值，力求完整展現先哲思想的軌跡；

為知識界開啟一片智慧之窗，營造一座百花綻放的世界文明公園，

任君遨遊、取菁吸蜜、嘉惠學子！